歌舞伎町No.1ホストが明かす

お金に好かれる人が大切にしていること

信長

Nobunaga

はじめに

「もっとお金があったらいいのに……」

これは口には出さないまでも、ほとんどの人が願っていることではないだろうか？

しかし、どうすればそれが実現するのかがわからない人が多いのも実情だろう。

そんな人たちのために、今回はお金についての本を書いてみようと思う。

これまで数年にわたっていろいろなテーマの本を書いてきたが、むしろ本書のような「お金の法則」についてこそ私が書くべき本であったのではないかと思っている。

なぜならば、ことお金に関しては、誰よりも多くの経験をしてきたと自負しているからだ。


現在の私は、こうして文筆活動をするほか、新宿・歌舞伎町のホストクラブ「Club《クラブ》 Romance《ロマンス》」の代表として、お店をまとめる立場にいながら、自らも現役ホストとして働いている。

すでにホスト歴も13年となり、接客したお客様の数も3万人を超えた。

基本的に、ホストクラブの扉をたたくお客様は、いわゆる世の中で言う「お金持ち」の女性たちが多いと言えるだろう。

10年連続で年収1億円を稼ぎ、ホストクラブでも大胆にお金を使う営業系のバリバリのキャリアウーマン、高いお給料を稼ぎながらも自分の決めた範囲内で堅実に遊ぶ女性、相続で大金を手に入れたことでホストクラブに顔を出すようになった女性、ホストクラブで散財することでストレスを解消する女性など、ホストクラブにはさまざまなタイプの女性がやってくる。

そんな女性たちや、これまで仕事を通してたくさんのお金持ちを見てきた中で、私はお金を稼ぐ人には、ある共通点があることに気づいた。

ホストの世界に目を向けてみても、コンスタントにお金を稼ぎ続けているホストと、稼ぐことは稼げても、一時的にしか稼げないホストがいる。

そういう人たちは、ちょっとの間だけはお金持ちになるものの、結局数年後には、すっかりお金をなくしている。

お金持ちになって当然な人と、がんばってもお金持ちになれない人、コンスタントにお金を稼ぎ続けられる人と、そうでない人……。

これらの違いはどこにあるのだろう？

それが、若いころの私の疑問だった。

年を経て、おかげさまで私自身もホストとして、一般的なサラリーマンの年収の10年分を1年間で稼ぐくらいの収入を得るようになった。

ある程度以上のお金を稼げるようになったと自負する私は、お金を引き寄せるためのいくつかの「法則」があることに気づいたのだ。

それは「お金は、自分自身を映し出す鏡」であるということ。

つまり、「あなたが今やっていること、考えていることが、そのままあなたの現在の経済状況を表している」ということだ。これが、「お金を稼ぐ」ということについて出した、私のひとつの「結論」であり、お金というものに対する「定義」だ。

「お金は、自分自身を写し出す鏡」

これは、あなたが今満足できるくらいのお金に恵まれているかどうかは、何よりもまず、あなたが本当にお金を望んでいるかどうかに左右される、ということだ。

当然ではあるが、あなたがお金を手に入れるために正しいことをやり続けているならば、きちんと結果は出ているはずである。しかし、もしあなたが道理にはずれたことをやっているなら、お金はあなたのもとから逃げてしまっているだろう。

考えてみれば、学校ではお金について教えてくれはしない。しかし、社会でサバイバルしていくには、お金の勉強はやっておかなければならないものなのだ。

なぜなら、お金について真剣に考えることは、自分の人生を真剣に考えることにほかならないからだ。

もし、自分の人生をよりよきものにしたいなら、お金とのつき合い方を知っておくべきだ。これは、私が大切にしてきた考えでもある。

これまで、ほとんどの日本人は、目の前のことをしっかりとやっていれば、自動的に銀行に給料が振り込まれるような恵まれた環境の時代を生きてきた。

しかし、それはもう過去の話だ。

もはやそうも言ってはいられないような状況が目の前まできている。

たとえば、年金問題、ナショナルカンパニーと言える大企業の破たん、高齢化による医療費の負担増、貧困により進学できない若者、人工知能による職業の喪失など、私たちが子どもだったころには想像もしていなかったような問題がどんどん噴出しているのが今の時代だ。

もう、お金に対してのほほんとしていられる時代は終わりを告げようとしている。

今回、私はこの本を通して、自分が仕事をしてきた中で気づいた「お金を引き寄せるための法則」をお話ししていこうと思う。もちろん、法則と言ってもむずかしいものではない。ちょっとした考え方の違いや習慣だ。それをこの本では、順を追って明らかにしていきたい。

ぜひ、この本を「大人のためのお金の教科書」として読み進めていっていただければと思う。

この本を読み終えたあなたは、きっと前向きなお金との向き合い方を習得しているに違いない。そして、自分のもとにお金を引き寄せる術も手に入れているはずだ。

それでは、さっそくお金の勉強をしていこう。

信長

歌舞伎町No.1ホストが明かす
お金に好かれる人が大切にしていること

目次

第1章 あなたは本当にお金持ちになりたいのか？

第2章 お金に好かれる自分になる

第3章 お金を呼び込む人間関係をつくる方法

第4章 お金の達人は、人生の達人

第1章

あなたは本当に
お金持ちになりたいのか？

「お金持ちになりたい！」と言えても、
「お金が好き」と言える人は少ない

「お金がない！」

「お金さえあれば、○○できるのに！」

「今月もピンチ！　月末はいつもお金が足りない！」

こんなふうに、いつもお金についてボヤいたり、グチったりしている人っていないだろうか？

そんな人たちに、次のように質問してみたい。


「あなたは、お金のことが好きですか？」


すると、こんな答えが返ってくるかもしれない。

「もちろん！　でも、なんだか自分には、金運がないみたいなんだ」

また、こんなふうに答える人もいるだろう。

「当然だよ！　でも、今の仕事だとお給料が安いから仕方がないんだよね」

では、もう一度、質問してみたい。

「あなたは、本当にお金のことが好きですか？」

再びこう聞かれて、気持ちがザワつく人もいるのではないだろうか？

なかには、なんとなくイヤな気分になった人もいるかもしれない。

「どうして、お金のことを何度も聞くの？」

「お金、お金って、そんなに言わないでよ！」


そうなのだ。

このお金に対する「感覚」が、あなたの無意識レベルのお金に対する考え方や概念を、そのまま「表して」いるのであり、同時にあなたの現在のお金の状況を、そのまま「現して」もいるのだ。


あなたは最初の質問で、反射的に「もちろんお金は大好き！」「いくらあってもほしいくらいに好きだよ！」と思ったかもしれない。

けれども、その後に「でも……」とも思ってはいないだろうか。

その「でも」のあとに続く思いが、あなたのお金に対する本心であり、本音だ。

「でも、自分には金運がなく、お金には恵まれないタイプだから、お金持ちになることはできない」
「でも、給料の安い仕事に就いているのだからお金がなくても仕方がない。あきらめるしかない」

自分自身がそういうふうに思い込んでいるということは、じつは、「自分は、お金を手にしてはいけない」「自分は豊かになるべきではない」と言っていることと同じなのだ。

なぜなら「思い」はエネルギーであり、つまり、そう思っているということは、つねに自分で自分に暗示をかけていることにほかならないからだ。

そんな人のもとへ、お金がやってくるはずがない。

つまり、「お金がない！」と不満を言いつつも、そのお金を遠ざけてしまっているのは、皮肉なことに自分自身だったのだ。

「はじめに」でも述べたが、「お金は、自分自身を映し出す鏡」である。つまり、きわめて「正直」なものなのだ。

あなたがお金が苦手なら、お金もあなたが苦手。

あなたがお金を大好きなら、お金もあなたが大好き。

また、あなたがお金のことを汚いものとして扱うのならば、「汚いものは身近に置きたくない」という気持ちが働くのと同様、あなたのまわりにお金は集まってこないだろう。

一方、お金のことを愛すべきものとして扱うのならば、「自分の近くに置いておきたい」という気持ちが自然に働くように、お金はあなたの近くに寄ってくるだろう。

あなたとお金の関係は、こんなにシンプルでわかりやすい。

目の前に置かれた鏡が、そのままあなたのすべてを映し出すように、あなたの考え方や生き方、習慣のすべてが現実に目に見えるかたちで、お金の状況をつくりあげているのだ。

だからもし、「お金がほしい！」「もっと豊かになりたい！」と願っているなら、無意識のレベルで「お金が好き！」「お金って素晴らしい」と言えるようにならなければならないのだ。

「でも、無意識レベルなんて、どうやって変えればいいの？」

そんな疑問を持つ人もいるだろう。

あなたが自分でも気づいていない無意識レベル、つまり潜在意識の中には、小さいころから見てきた両親のお金に対する考え方や、育った環境で身についたお金に対する感覚などがしっかりと根を下ろしている。

そしてやっかいなことに、長い時間をかけて培われてきたお金に対する認識や価値観を変えるのは、一筋縄ではむずかしい。

だから、何があなたに「自分はお金持ちになってはいけない」とか、「お金のことを言うのは、はしたない」という意識を根づかせているのかを、あぶり出してみるといい。

そのやり方を、これから順を追って書いていこう。

お金に対する見方が変われば、「お金って素晴らしい！」ときちんと声を出して言えたり、お金の話題をためらいなく話せるようになれるだろう。
そうなれたあなたには、「お金をたくさん手に入れることで、人生はさらに豊かになっていける」という意識がきっと芽生えはじめるはずだ。

まとめ

無意識レベルで「お金が好き」と言えるようになったら、お金のほうがあなたに寄ってくる。

今こそお金を稼ぐ喜びを知る時代。
それを理解することが大事

「お金のことを口にするのは、ちょっと苦手……」

そんなふうに思っている人は、あなただけではない。

しかし、そんな意識があなたからお金を遠ざけてしまっているとお伝えした。

お金のことをオープンに話したがらない傾向や、お金のことを話すのは品がない、はしたないと思う感覚は、日本人特有のものかもしれない。

これは恐らく、日本があまりにも長い間平和で、ずっと安定してきたからだろう。

現在の日本は戦後70年以上経ち、高度成長期を経て豊かさが飽和状態になってしまっている。

今、日本に住んでいる人の中で「生存する」ことに困ったり、サバイバルして生き抜くことに日々苦労したりしている人は、あまりいないのではないだろうか？

日本が日々の命の保障を心配しなくてもいいような国に発展できたのは、戦後の焼け野原からがんばって復興してくれた人たちのおかげだ。それに加えて、団塊の世代前後の人たちが企業戦士となって懸命に働いてくれたおかげで、日本は世界有数のお金持ちの国になっている。

そんな時代の流れの中で、モノにあふれて不自由なく育ってきたバブル世代や団塊ジュニア世代、そしてその子どもたちの世代にとって、何不自由ない暮らしは当たり前になった。

ところが、そんな現代でも、世界を見れば後進国と呼ばれる国々にとっては、お金を稼ぐことはまだまだ「命をつなぐためのもの」である場合が多い。

たとえば、旅先でそれらの国を訪れると、車が信号で止まったとたんに、まだ小さな子どもたちが屈託のない笑顔で花を売りに来たり、車の窓拭きに来たりして、わずかばかりの小銭を稼ごうとする。そんな光景はよくあることだ。

その国の小さな子どもたちにとって、お金を稼ぐことは「生きていく術」であり、「使命」でもある。

それと同時に、彼らにとってお金を手にすることは、「楽しみ」でもあり「喜び」でもあるのだ。

だって、そのわずかなお金で、その日のご飯やお菓子を食べられたり、家族が生きて行くために必要なものを買えたりするのだから。

彼らの意識の中には、「お金のことをおおっぴらに語ってはいけない」なんていう意識はみじんもないだろう。

再び、日本に目を向けてみたい。

近年、日本にも変化が起きはじめている。

豊かな先進国であり、かつては「一億総中流社会」と言われていたはずの日本に、最近は富裕層と貧困層の二極化の波が押し寄せはじめている。

インターネットの普及によって、新たなビジネスにいち早く着手した億万長者たちが次々に生まれる一方で、テレビや新聞などでも貧困が頻繁に取り上げられるようになった。

「老後破産」「下流老人」「ワーキングプア」などという、十数年前にはなかった言葉も定着しはじめた。そしてさらには、「貧困児童」や「貧困女子」などという造語も目立つようになってきている。

こんな社会的背景と時代の流れがあるにもかかわらず、私たち日本人はいまだに「お金の話はしたくない」「品がない」「恥ずかしい」などと、ひと昔前の古い概念を持ち続けているのだ。

「お金儲けは恥ずかしい」ことであるはずがない。
お金がほしいと思っている人なら、なおさらのことだ。
今まさに、お金に対する古い概念を捨てるときが来ている。
「お金を稼ぐことは素晴らしい」という考え方に変えるときが来ている。
お金を稼ぐ喜び、素晴らしさを知らないだけなのだ。

まとめ

富裕層と貧困層の二極分化が広がりはじめた今こそ、「お金を稼ぐことは素晴らしい」と考えを変えてみよう。

お金を儲けている人は、「儲ける」「稼ぐ」という言葉に抵抗がない

「それは、儲かりまっか？」
これはパナソニックの創業者、松下幸之助の言葉だ。
彼は部下が新しい企画や事業を提案してきた際には、必ずこう質問していたという。パナソニックを一代で大企業に築き上げ、〝経営の神様〟とまで呼ばれていた松下幸之助は、その核心をついたひと言からもわかるように、「儲ける」ことに肯定的な人だった。

先だって私は、日本における全国高額納税者番付で１９９３年から12年連続ベスト10入りを果たし、累計納税額日本一の大富豪、斎藤一人さんと対談する機会に恵まれた。その中で感じたのは、斎藤一人さんも「儲ける」「稼ぐ」という言葉をいとわず使い、何に関しても即断即決の根っからの商売人――お金を儲けることを誰よりも肯定する人だということだ。

しかし、一般的な日本人で「儲ける」「稼ぐ」という言葉を抵抗なく使う人は、あまりいない。

多くの人は、これらの言葉から「商魂たくましい」などとマイナスなイメージを受けるからだ。なかには下品だと思う人さえいるだろう。

私が前々から不思議だと感じているのは、たいていの人たちは、このようにお金のことをオープンに語ろうとせず、あたかも「悪いもの」として扱っていることだ。

たとえば、お金の話を持ち出すときに、「お金の話をしてすみません」というような切り出し方をする人や、お金について質問されると、ちょっとためらったり、声のトーンを落としたりしてヒソヒソ話になる人もいる。

ホストの世界を見てみよう。

正直に言うと、ホストをはじめる人のほとんどの動機は「お金」だ。要するに、ホストの多くは、「お金をたくさん稼ぎたい！」という金銭的な動機で夜の世界に入ってきている。

そんなホストたちでも、「お金のことをおおっぴらに話すべきではない」と言う人は意外に多い。そして、そんな考え方を持っているホストたちは、「お金を稼ぐ」という意味においては、結果を出していない。

ビジネスの現場においても、ダイレクトに「儲ける」とか「稼ぐ」と言わずに取引や交渉を行っているのが普通だろう。

けれども、この２つの言葉をよく使う人たちがいる。

それは、いわゆるお金持ちの人たちだ。

職業柄もあり、これまで私は男女問わず、たくさんのお金持ちを見てきた。

そんなお金持ちの人々に共通点があるとするならば、彼らは、日常会話の中において、ためらうことなく「儲ける」と「稼ぐ」という言葉を使っていることだ。

ホストクラブに来るお客様たちの中にも、稼ぐことに肯定的な女性たちが多い。

当然のことでもあるが、１杯のお酒の値段が居酒屋で出されるお酒の何倍もするホストクラブに来ることができるようなお客様たちは、いわゆる「お金持ち」だろう。

そんな彼女たちとの会話には、「今日は○○円ほど稼げた」とか、「今月は○○円も儲かった」「今年の年収は○○円に上がった」などといったお金の話が頻出する。

ホストクラブで遊ぶような女性たちはよく稼ぎ、よく遊び、お金に対してだけでなく、生きることにもとても前向きでエネルギッシュな人たちが多い。
そういう面では、男性に伍して働き、人生を謳歌する彼女たちは、私に言わせれば「商魂たくましい」というよりも、「お金に対してプラスの感覚しか持っていない」と言えるだろう。

私たちの意識は、普段自分たちが意識している思考や理性、知性を司る1割の「顕在意識」と、無意識の領域にある9割の「潜在意識」から成り立つと言われている。
ということは、「自分」という存在のほとんどの部分を占める潜在意識に、自分にとってのお金に対する考え方や認識を、ポジティブなものとしてたたき込めばいいということだ。

改めて、ここで「儲ける」「稼ぐ」という言葉に戻ってみたい。

「儲けることは、素晴らしい」
「稼ぐことは喜びだ」

これらのフレーズを、今、ここで声に出して言ってみてほしい。

ちょっとためらう気持ちがあったり、大きな声で言えなかったりする人は、「儲けてはいけない」「稼いではいけない」「どうせ私には無理な話」などという、お金に対するブロックがある人だ。


自分のもとにお金を引き寄せたり、今あるお金を増やしたりするためには、貯蓄や投資、キャリアアップのための自己投資、転職などさまざまな方法があるが、もっとも基本的で重要、かつ有効なのは、お金に対する自分の意識や価値観を変えることだ。

だから、抵抗なく「儲ける」「稼ぐ」と言葉にできるようになるまで、今日から「儲けることは、素晴らしい」「稼ぐことは喜びだ」と1日に10回ずつ口に出して言ってみよう。

潜在意識に自分の願望を浸透させるためにもっとも効果的なのは、とにかく繰り返すことだ。

よく、「いい本は7回は読め」と言われるが、その理由も同じだ。この1章のお金に対する考え方の部分も、ぜひ7回読んでいただきたいと思う。

しばらくして日常会話の中で、ためらったり抵抗したりすることなく「儲ける」「稼ぐ」という言葉が自然に出るようになったら、しめたものだ。

それはあなたの無意識レベルにおいて、お金に対する概念がポジティブなものに変わりはじめた証拠だ。

あとはただ、自分にいちばんふさわしいお金の稼ぎ方、儲け方を見つけるだけだ。

まとめ

「儲けることは素晴らしい!」「稼ぐことは喜びだ」と1日10回、口に出して言ってみよう。

「稼ぐ」とは、喜びや感動、感謝を
どれだけ人に与えることができるか、
ということ

あなたが手にしているお金は、どんな種類のお金だろうか？

サラリーマンやＯＬなら、会社や組織で働くことによる毎月のお給料。

学生なら、アルバイト料。

自営業やフリーランスなら、ギャランティや報酬。

子どもなら、両親のお手伝いをしてもらうお駄賃やお小遣い。

もし、あなたが株や投資などから収入を得ている場合は除き、その収入は、あなたが何かの労働やサービス、付加価値などを提供した相手からの「対価」として支払われているものだ。

また、相手にとって自分に提供されたモノやサービスに対して、「ありがとう」という気持ちが大きく感じられるものは、そのお金の額も大きいし、反対に、「ありがとう」の気持ちが小さい場合だと、お金の額も小さくなる。

あるいは、「ありがとう」と感じられなければ、お金とモノ、サービスの交換は行われないこともある。

要するに、「相手にもたらす価値の大きさ」＝「相手をどれだけ喜ばせたか」であり、つまり感謝の対価として、お金の具体的な額は決定されているのだ。

ホストクラブにおける売れっ子のホストとお客様たちとの関係も同じだ。

売れっ子ホストは、お客様である女性たちに何かしらの価値を与えているということになる。

それは話し相手という役目かもしれないし、悩みを聞いてもらいたいのかもしれない。ホストと一緒にパーッと騒いで楽しむことでストレスを解消したいのかもしれないし、好みのタイプのホストと恋をする気分を味わいたいのかもしれない。

理由はどうあれ、お客様である女性たちは、それぞれそのホストになんらかの価値を感じているからお金を支払うのだ。

要するに、そのホストの接客は、お客様たちに喜ばれているということを意味している。

逆に言えば、お客様を喜ばせることができないホストは、稼げないということだ。

自分の売上がダイレクトに自分の収入に結びつくのがホストの仕事だから、お客様に喜ばれるホストは、お店での売上ランキングもどんどん上がっていく。

われわれのようなホストの仕事においては、お金を稼いでないこと＝悪いこと（お客様を喜ばせてないということ）でもあるのだ。

この考え方は、ほかの業界や一般的な仕事にも当てはまる。

つまり、お金をたくさん稼げている人とは、喜びや価値、感動をより多く人に与えている人たちと言えるのだ。

松下幸之助氏が、新しい事業の提案に「それは、儲かりまっか？」と質問したと先述した。そして同時に彼は「それは世のため、人のためになりまっか？」とも聞いたという。

これは「（あなたは）世のため、人のために何か価値や喜びを与えられますか？」ということでもあるのだ。

「お金がない」という人は、今一度、自分が手にするお金のことを考えてみてほしい。

あなたはこの世界に何を提供して、お金を受け取っているのだろう？

その提供しているものは、どんな人たちにどんな価値を与えているのだろう？

そして、それを受け取る人たちに喜ばれているのだろうか？

そんな基本的なところから考えてみるのも、お金を稼ぐためのひとつのアプローチだと思う。

まとめ

あなたの仕事はどんな価値を生み出し、人に感動を与え、感謝されているか。その量があなたが手にしているお金の額だ。

本心から「お金がほしい」と思っているか、自らの心に問いかけてみる

人は、ほしいものは必ず手に入れようとする。

たとえば、あなたが会社帰りにビールを飲みたくなったと仮定しよう。

あなたには、あまたあるビールのブランドの中でもお気に入りの銘柄があって、どうしても今日はそれを飲みたいと思っている。

そこで、帰り道にあるコンビニに立ち寄ってみたが、その銘柄のビールは置いていなかった。

仕方がないので、あなたはもう１軒のコンビニに行くことにした。

そこは今いる場所から歩いて10分近くもかかるコンビニだが、あなたはまったくためらわないはずだ。なぜって、どうしても今日はそのビールを飲みたいのだから。だから絶対に買うのだ。

なんとかたどり着いたそのコンビニで、ついに念願のお気に入りのビールを手に入れて、あなたはやっと満足した。

このような体験は、きっと誰にでもあるはずだ。

ある人にとっては、それが缶コーヒーかもしれないし、期間限定のスイーツかもしれない。またはお気に入りのブランドのセーターかもしれないし、バッグや車かもしれない。あるいは、それはモノではなく、どこか行きたい場所や、やりたかったスポーツ、好きなアーティストのライブかもしれない。

とにかく人は、「ほしい」と思ったものは、どうにかして手に入れようとするものなのだ。

「思考は現実化する」と言ったのは、成功哲学の草わけと言われているナポレオン・ヒルだ。

人はほしいものはどうにかして手に入れようとするし、ほかのモノでは代わりがきかないということも、きちんとわかっている。

逆に言えば、手に入れていないものは、その人はそこまで本気で求めていないということだとも言える。

ホストのケースを例にあげてみても同様だ。

何十人もライバルがいるホストの中で、ナンバーワンになっている人は、やはり本気でナンバーワンになろうと思った人だけだ。

そういう野心を持つホストは、「ナンバーワンになろう！」と覚悟を決めることで本気モードにスイッチが入る。

そして、営業の仕方から外見、接客のコミュニケーションまで、すべてをナンバーワン獲得のためのものに変えていくのだ。

「いつか、ナンバーワンになればいいな」という程度の熱意の人は、いつまでたっても決してナンバーワンにはなれないのだ。

それと同じように、「お金がほしい」と言う人は、本心からお金を求めているのだろうか？

まずは自らに問いかけてみてほしい。

「お金がほしい」と思っているのにお金に恵まれていない人は、「どうしてもほしい」「絶対に手に入れる」という本気の思いではなく、「あったらいいな」くらいなのではないだろうか？

もし、それくらいの気持ちならば、そんなあなたのもとへは、お金はやってこないだろう。

なぜなら「お金は、自分自身を映し出す鏡」だから。

あなたの「在り方」をそのまま映しているだけだからだ。

もう一度言う。

人はほしいものがあれば、必ずなんとかしてそれを手に入れようとする。だから、本気で「お金がほしい」と、あなたが思えるかどうかなのだ。

再度、自分は「心から本当にお金を求めているのか？」ということを考えてみよう。

まとめ

「お金があったらいいな」と考えている人には、その程度のお金しか稼げない。「絶対お金を手に入れる」と覚悟を決めよう。

お金持ちになる早道は、お金持ちと仲よくなること

ここで、自分の周囲にいる人々を見渡してみてほしい。

あなたのまわりに、あふれるほどのお金に恵まれて豊かな人生を生きている人はいるだろうか?

「うーん、ひとりもいないな……」と答える人は案外多いと思う。

そんな人には、まず、お金持ちの人と仲よくなることをおすすめしたい。

「類は友を呼ぶ」という類似性の法則があるように、お金に対する考え方は、いつも一緒にいる人たちの影響が大きい。

もちろん、最初にあなたにお金に対する基本的な考え方や価値観を植えつけたのは、あなたを育ててきた両親や家族たちだ。

けれども、学校を卒業して実家を離れたり、自立したりしたあとは、お金に対する考え方に影響を及ぼすのは友人・知人や同僚など、自分を取り巻く人々からのほうが大きい。

ちまたの自己啓発書やビジネス書には、「仲のよい友だち5人の平均年収が、自分の年収になる」と書かれている。

その理由は、仲のよい友人・知人たちは、だいたい自分と似たようなライフスタイル・考え方をしているからだ。

会社の同僚と仲がよければ収入の額が似ているだけでなく、知的レベルだって似ているだろう。お金を使う対象や興味や関心、趣味嗜好、ファッションのテイストなども似ているかもしれない。

ということは、もしあなたがもっとお金持ちになりたいのなら、お金持ちの人と一緒にいることで、いつのまにか自分もお金持ちの行動パターンを自然に真似するようになってくるということになる。

つまり、お金持ちの人とつき合うようにすれば、自分もお金持ちになれる可能性が高くなるということだ。

もし、私がお金を持っていなかった20歳のころの自分に出会ったなら、「とにかくお金持ちに弟子入りを志願し、『なんでもやりますので、そばにいさせてください』と言って、その人の近くにいさせてもらいなさい」と言うだろう。それがお金を手に入れるいちばんの近道だと、今の私は知っているからだ。

実際にこのような考え方は、科学的にも証明されている。

脳科学者の中野信子氏いわく、脳にあるミラーニューロンという神経細胞は、他人の動きを見たときに、それがあたかも自分の動きであるかのように感じて活発化するそうだ。

つまり、お金持ちの行動を見たときに、あなたの脳内のミラーニューロンは、あたかも自分の行動であるかのように活発化するということだ。

ということは、お金持ちの思考や行動を目の当りにするうちに、それがいつのまにか自分のものになってくるということでもある。

これは、逆のパターンも同じことだ。

私はお金に対する考え方の貧しい人とは距離を置くようにしている。やはり知らないうちにそういう人たちの思考や行動に影響されてしまうからだ。

お金持ちの近くにいることで得られるもうひとつのメリットは、一見すごい人のように見えるお金持ちの人も、じつは自分とそんなに変わらない人間なのだ、ということが実感できることだ。

私はホストになってから、また本を出すようになってから、これまで以上にお金持ちの人々と出会うことが多くなってきた。

「お金持ち」をイメージするとき、自分とはまったく違う世界の住人を想像するかもしれない。彼らはお金持ちであるがゆえに、何かすごいことや特別なことを成し遂げているというふうに思えるものだ。

けれども、そんな一見すごそうなお金持ちも、実際会ってみると普通の人と変わらないことがよくわかる。

たとえば、一緒に食事していてご飯をぽろぽろとこぼす人もいるし、お酒に酔っ払って泣いたり笑ったり、ときには暴れる人だっている（笑）。

お金持ちだって、自分と同じ人間なのだ。

一緒にいることで垣間見えるそんな様子から、「お金持ちだって、普通なんだな」と思えれば、こっちのものだ。

その瞬間に「だったら自分だって、この人くらいのお金が稼げるはずだ」という思考回路になれるからだ。

では、お金持ちと仲よくなるにはどうすればいいだろう？

もし、自分の周囲にお金持ちが見当たらないなら、お金持ち、いわゆる成功者たちは、よくセミナーや講演会を開いているので、そういうイベントに参加するのもひとつの方法だ。

そういう場であれば、成功してお金持ちになったセミナーの講師の人たちと「お友だち」にまではなれなくても、話を聞いたり会話や質問をしたりすることは十分に可能だ。

また、たいていの場合、講演会後には懇親会などがあり、講師と直接話せる機会などもあるので、そんなチャンスもできる限り利用してみるといい。


お金持ちと仲よくなったら、あらゆることを観察してみよう。

今、どんなことに興味を持っている？

どんなテレビ番組を見ている？

どんな本を読んでいる？

朝何時に起きて、夜何時に寝ている？

お金持ちの人々の考え方や行動の一挙手一投足を注視してみよう。

きっと、いろいろなところに、お金を稼ぐためのヒントが散らばっているはずだ。

それらをどんどん真似して自分の中に取り入れ、あなたのミラーニューロンを活性化させていこう。

まとめ

お金持ちの考え方や行動を真似て、
お金持ちの考え方や行動パターンを自分のものにしよう。

現状の不満を「お金がないから」と、
お金のせいにしてないか？
それはお金ではなく、自分のせいだ

ひと昔前までは、「お金持ちの家に生まれた人は一生お金持ちでいられる」という図式があった。しかし、未来が不透明な今の時代は、もうそれは確実なものではない。

では、「お金に恵まれない環境に生まれた人は、一生恵まれないまま」だろうか？

これも、今の時代は決してそんなことはない。お金を取り巻く環境は、自分次第でいくらでも変えられる。

それは、この私自身が体験を通して証明してきた。


私はお金では相当苦労してきた過去がある。

私の経済的な環境は、決して恵まれたものではなかった。

実家はとても貧しかったので、お小遣いを稼ぐために5歳くらいからゴミ箱などから空き瓶を集めて酒屋に売りに行っていた。今となっては懐かしいが、30年くらい前には、スプライトとコカ・コーラの空き瓶が１本30円、ビール瓶は１本５円で売れたのだ。

小学校に上がるころには借金取りが家の前に毎日行列をつくっていたし、家賃も当然のように滞納していたので、一家で住まいを転々とするような生活をしていた。

大人になった今、そんな話を人にすると「よくグレなかったね」と言われることもあるが、グレるお金もなかったというのが現実だ。

高校に上がると、自分でバイトをして稼いだお金で学費や教科書代を支払って学校に通っていた。

大学受験に失敗した浪人中の生活も、受験勉強一辺倒というわけにはいかなかった。なにしろ予備校の受講料と受験費用を貯めるために、1日の半分を労働に費やさなければならなかったのだ。

当時の私の食事の定番メニューは、ディスカウントショップで買う1袋30円のラーメンか焼きそば。コンビニの数十円のコロッケが主食になることもあった。

その後晴れて大学生となり、家庭教師のアルバイトをするようになると、ありがたいことにお金をたくさん稼げるようになった。

気をよくした私は、それまでの反動で、入ってくるお金をどんどん浪費するようになり、あげくの果てには借金まみれになってしまった。

私にとって20代前半の数年は、稼いだお金を使うことに味をしめ、長年のストイックな生活から一気にだらしない生活に堕ちた暗黒の時代だ。

自堕落な生活は体型にも現れ、体重は90キロを超えるほどのふがいなさだった。

そしてついには借金で首が回らなくなり、「もうあとがない！」という決死の覚悟で、ホストクラブの扉をたたいた。

そこからは、それまでの生き方を改め、ホストとして真面目に働くことで順調にお金を稼げるようになり、現在に至る。

人生の前半部分において、こんなふうに波乱万丈の日々を送った私は、子どものころは、自分に起きるすべてのことを育った環境のせいにしていた。

しかし、ホストとして真面目に働くうちに、自分を取り巻く環境は自分の意思次第でどうにでも変えられると学び、そして実証した。

と同時に、自分の人生に真剣に向き合うということは、お金と真剣に向き合うということ、お金と真剣に向き合うということは、人生に真剣に向き合うことだと悟った。

人生において、お金がないときもあるときも両方経験した私からすると、お金に関する失敗を早いうちに経験できたのは、幸運なことだったと思っている。

なぜなら、小さいころから身をもってお金について勉強することができたし、失敗しても若いうちならいくらでもやり直しがきくからだ。

あの経験があったからこそ、今こうしてお金を稼ぎ、そのお金を維持し、またそれをどういうふうに増やしていくかということを、自分なりに考えられるようになったからだ。

お金で苦労してきた過去があるからこそ、お金に恵まれるようになった現在の自分がいる。

そういう意味では、人生とは、どこかで帳尻が合うようにできているものだと思う。

だから、あなたの人生の帳尻も、きっとどこかでぴったりと合うはずだ。

「今の会社の給料が少ない」とか「お金がないからやりたいことができない」とか「お金がもっとあれば、違う人生を生きられるのに」など、お金を理由にして現状を嘆いている人がいるのなら、それは間違っている。

それは、お金のせいではなく自分のせいだ。

お金と真剣に向き合うことで自分を取り巻く環境を変え、そして人生を変えていけるということを覚えておいてほしい。
次の章から、具体的な「お金との向き合い方」を詳しく述べていく。

まとめ

お金を取り巻く環境を変えるにはお金と真剣に向き合うことが肝心。意識を変えることで、人生は変えていける。

第2章

お金に好かれる自分になる

ハイリターンを望むなら、
金融投資より、自己投資が正解。
減ることはない財産だからだ

預金、株式、投資信託、ＦＸ、金や銀、先物取引や、最近ではビットコインなどの仮想通貨……。世の中には、あらゆる種類の投資があふれ、書店やコンビニに行けば、「○○投資で確実に儲ける！」などと書かれたタイトルの本や雑誌もいっぱい売られている。

じつは私も20歳のときに、そんな言葉に踊らされて投資に手を出し、大きな失敗をしたことがある。

あのライブドア・ショック（＊）のときには、所有していた株券が紙くずになってしまい、まさに〝信長ショック〟を受けた。

（＊）２００６年１月、東証１部上場企業のライブドア（現ＬＤＨ）に、証券取引法違反容疑で東京地検特捜部が強制捜査を行い、株式市場が大暴落した。これを機にコンプライアンスが浸透しはじめる。

今では定期預金などの利子がほとんど期待できない時代になり、これまで以上にハイリスク・ハイリターンの投資に挑戦する人が多くなった。

でも実際のところ、リアルにハイリターンを得ている人は、投資のプロと呼ばれるごく一部の人たちだけだ。

では今、どんな投資がいちばんおすすめなんだろう？

それは、自分自身にお金をかける自己投資だ。

人生100歳時代だ。キャリアを育てていく20代から、また60代くらいの人ならとくに、金融投資をするよりも自己投資をしたほうが、確実に高いリターンを得られると言えるだろう。

金融投資をするなら、自分の自由になる資金が少なくとも1000万円を越えたあたりから考えたって遅くない。

もし今、金融投資をする場合は、分散投資などで賢く運用したとして年利が5%になればいいほうだろう。100万円の元手で年間5万円の利益が出るようなら、うまい投資ができているということだ。

しかし、自己投資は、無限の可能性を秘めている。

自己投資は、ある人にとっては学校へ行ったり、習いごとなど何かの資格やスキルを身につけたりすることかもしれない。

また、ある人にとっては自分の外見を磨いたり、人脈をつくったり、旅をして見聞を広めたり、新しい経験をすることなのかもしれない。

そんな行動の中で、新しいアイデアが湧いたり、ビジネスチャンスが舞い込んだり、ブレーンとなる人との出会いがあるだろう。

これらの自己投資が上手くいけば、年に5万円の利益どころか、１００万円になる可能性もあるし、１０００万円稼ぐことだって夢ではない。


私の経験をお話しすると、金融投資に力を入れ、株をやっていたころは、とにかく自分の持っている銘柄の株価が気になり、つねにパソコンの画面を見て一喜一憂する日々を送っていた。

自分が持っている株が上がっているときはいいものの、何かのきっかけで大きく値下がりでもしてしまうと、もう気が気ではない。リアルタイムで株価を表示するパソコンサイトから目が離せなくなって、ほかのことがまったく手につかなくなり、仕事にも影響してしまうし、精神衛生上はなはだよくない。

世界経済の動向や世界各地で日々起きている事件・ニュースが影響してくる金融投資は、当然ながら自分のコントロールがきかない世界だ。

いくら勉強をしたって、運やタイミング次第で、自分の抱えている資金が増えるどころか大きく減ってしまう可能性があるのだ。

でも自己投資なら、確実なリターンが期待できる。運やタイミングが好転していくことだってある。

私自身、自己投資の価値を実感して以降は、あまり金融投資にエネルギーを注がなくなった。

だが正直に言うと、自己投資の場合は、すぐに答えがでないことも多い。リターンが数か月後なのか、１年後なのか、３年後なのかはわからない。

しかし、その投資は確実に自分を鍛え、自分を変えてくれる。

自己投資額の目安としては、毎月の収入の10％程度をあてるとよいだろう。月収が30万円なら、３万円くらいは自分の将来に投資するくらいのつもりでいるといい。

私の場合、新人ホスト時代は、生活に必要な最低限のお金だけ残して、あとはすべて自己投資に使っていた。

将来的にお金を大きく育てていくためにも、まずは、自分を育てよう。

そのための自己投資は、惜しんではいけない。

まとめ

収入の10％を目安に、自己投資してみよう。
お金を得るために必要なのは、まず自分を育てること。

お金持ちが集まるコミュニティは、
貴重な情報の宝庫。
まずそこに足を運んでみる

人生は、誰と一緒にいるかで勝負が決まる。

これは私がもっとも大事にしている考え方でもある。

前向きな集団にいれば自分も前向きになれるし、グチを言い合うだけの集団にいれば、自分もグチっぽくなる。

当然、イケメンの集団の中にいれば、イケメンにだってなれる。これは何も、イケメンと一緒にいるうちに顔が似てくるとか、美容整形手術に抵抗がなくなるという話ではない。イケメンの立ち居振る舞いが自然に身につき、たとえイケメンではなくても「雰囲気イケメン」にはなれるということだ。

先述した「お金持ちになるには、お金持ちの思考や行動パターンを真似る」という理論と一緒だ。

要するに、あなたのいるコミュニティ（環境）が、あなたをつくり上げるのだ。

お金を稼ぎたいのなら、お金が動き、お金を引き寄せているコミュニティに自分の身を置くことがいちばんなのだ。

私はビジネスの多種多様な人々の集まりに呼ばれるようになって、そのことを発見した。数年前より本を出版するようになって、なんらかのビジネスに携わっている人や起業家、CEOやマネジメントの立場にいる人たちの集まりにちょくちょく顔を出すようになったからだ。

すると、それぞれの人たちが所属する環境やコミュニティによって、話している内容がまったく違うことに気づいたのだ。

たとえば、雇用されている立場の人、いわゆる組織のサラリーマンや公務員の集まりでは、お金の話はまったく出てこない。

それどころか、お金儲けの話をすると「どうしてお金の話ばかりするの?」というような雰囲気がその場に漂う。

その一方で、経営者たちの集まりに顔を出すと、お金の話のオンパレードだ。

「今は、何が儲かっているの?」

「次は、何が流行りそうなの?」

「これが今、すごくお金になるんだよ!」

などとみんな一様に嬉々としてお金の話の情報交換をしている。

経営者という立場は儲けを出さなければいけないので、このような会話になるのは当然のことだ。

お金の話をおおっぴらにするのははしたないと思っている人たちのコミュニティと、その反対にお金儲けは素晴らしいと思い、積極的にその手の話をしている人たちのコミュニティ。

この差は大きく、その違いは、そのままその人たちのお金の引き寄せの度合いに比例している。

お金を稼ぎたいなら、どちらの環境に身を置くほうがいいのか、自明の理と言えるだろう。

実際、私自身も「お金儲けは素晴らしい」「お金を稼ぐのは尊いことだ」と思っている人たちのコミュニティに入ることで、いろいろなお誘いやオファーを受けるようになった。

「うちで講演会をやってくれない？　50万くらいでどう？」

「僕も本を出したいんだ。紹介料として100万円を払うから、出版社を紹介してくれない？」

「飲食店の経営が順調だから、次にバーを開きたいんだけれども、〇〇円くらいのフィーでプロデュースしてもらえないかな？」

「お金儲けは素晴らしい」と思っている人々の集まりに参加するだけで、こんなにもさまざまなビジネスの話が舞い込んでくる。

お金持ちたちは、気軽に情報交換を兼ねながら、遊び感覚でユニークなビジネスを生み出したり、新しい発想のビジネスを興したりしているのだ。

たとえば、オーダー・スーツをつくって販売するビジネスを展開している友人は、自分と同様にビジネスを起業している友人たちと、定期的に飲み会を設けている。楽しくお酒を飲んで情報交換をしているうちに、1回で合計300万円にもなるオーダー・スーツの契約が取れたそうだ。

またある女性の知人は、もともとは月収が20万円程度のOLだった。それが社長たちが集まるコミュニティに顔を出しはじめたことで、いろいろな情報が耳に入ってくるようになり、ついには自分もビジネスをスタートすることになった。

そしてなんと1年後には、ネットを活用して月収200万円も稼ぐ女性起業家になったのだ。

スーツのオーダーを大量に受けられたのも、ＯＬの彼女を最短距離でお金持ちにしたのも、やはりお金持ちが集まるコミュニティに自ら入り、自分の住む環境をガラリと変えたことが影響していると言わざるを得ない。

お金を愛し、尊び、そして動かしている人たちの中に身を置くと、お金が入ってくるスピードもはやくなり、お金が入ってくる可能性も大きく広がる。

医者の子どもが医者に、政治家の子どもが政治家になる可能性が高いように、自分の身を置く環境が、その人自身をつくりあげているのだ。

では、いったいどこに行けばいいのか？

そんなときこそ、ＳＮＳやインターネットを活用しよう。お金を動かしている人たちが集まりそうなパーティーやセミナー、勉強会など、自分が参加できそうなものを探してみるのだ。インターネットで検索すれば、人脈づくりができそうな各種交流会やコミュニティ、ワークショップなどの情報があふれているので、簡単に見つけることができるはずだ。

ただし、そういうところにはお金のにおいをかぎつけて、だまし取ろうと寄ってくる人も多いので、そこだけは十分に気をつけておきたい。

まとめ

お金持ちのコミュニティに身を置けば、お金の入ってくるスピードが上がり、可能性も大きくなる。

自分に必要な自己投資は何かを考える。
それは必ず血肉となる

毎日、出勤前に美容院へ行って、ヘアメイクしてもらうこと。

月に2回のヘアカット。

シーズンごとのスーツや靴などの衣装代……。

これらは、私がホストとして日常的に行っている自己投資の一部だ。

外見を磨くことのメリットは、別途詳しく説明するが、ホストは「見た目」に対する自己投資が多く、人によっては歯の矯正や美容整形などに100万円単位でお金を使う人もいる。

ホストがどんなことに自己投資をしているかは人それぞれだが、私の場合は書籍購入費や各種講演会、セミナー参加費などにも、かなりの額を投資してきた。

「ホストなのに、そういうことを勉強してどうするの?」と聞かれたこともあるが、自分に投資したものは、いつかきちんとなんらかのかたちで戻ってくると信じていたので、人一倍これらのことにはお金をかけてきたのだ。

それ以外で言うと、コミュニケーション力が命脈のホストとしては、いろいろなことを体験するための出費も惜しまなかった。

たとえば、相手が何を求めているかを知ることは、ビジネス上、基本中の基本だ。ホストに限らず、サービスやモノを製造、販売する仕事でも、ターゲットになる人々、つまり顧客になる人々の気持ちや行動を理解することは、ビジネスパーソンならばまずやっておきたいことのひとつだろう。

同様に、ホストの場合もサービスを提供する相手（女性）と同じ体験を共有すると、共感と親しみを感じてもらえて、それがセールスアップにもつながる。

例をあげると、一流のレストランで食事をしたり、一流ホテルに宿泊したりすることなどが、それにあたる。

お客様の中には、セレブな方々もいらっしゃるので、そんな人たちのライフスタイルや考え方を知るためにも、同じような体験をすることが役立つ。

また、一流のサービスを知るという体験は、自分にとっても接客の勉強になる。

反対に、こだわりのユニークな体験を好まれるお客様もいらっしゃるので、たとえば、地方のひなびた漁港に行って新鮮な海の幸を食べたり、イチゴのシーズンがやって来ると、それを食べるためだけに、地方にイチゴ狩りに行ったりすることもある。

旅先の思わぬアクシデントも意外な副産物だ。北海道の知床半島に行ったときにはバスの時刻を間違えて帰ることができず、ヒッチハイクをしたのもお金では買えない貴重な経験だ。

これらの「お金をかけたハイエンドでぜいたくな体験」「お金はかけずとも時間をかけたユニークな体験」も立派な自己投資だ。

実際に自分で体験してみることで、知見が深まっただけではなく、話題も豊富となり、お客様との会話を盛り上げることに大いに役立った。そして、それはさらなる「指名」にもつながった。


ホストは女性を相手にする職業なので、女性が興味を持っている世界観を雑誌などで知っておくことも必要だ。

女性は、ライフスタイルごとに、ファッション、美容、食事から趣味まで、それぞれのテイストがまったく違う。そこで私も「女心」を学ぶために、ライフスタイル別に女性誌を毎月何冊も定期購読していた時期がある。

たとえば、世帯年収が比較的高い家庭の女性がターゲットで、仕事を持ち、ファッションにも興味がある女性向けの『VERY《ヴェリィ》』、ハイエンドなモード系のファッション誌の『VOGUE《ヴォーグ》 JAPAN《ジャパン》』、家庭を持ち、生活を大切にする主婦がターゲットの『ESSE《エッセ》』など。

お客様のそれぞれのテイストを知り、お客様が何に興味を持っているか。その世界観を学ぶには、女性誌がうってつけだからだ。

キャバクラにも行ってみた。

女性の側からの接客というものを、一度学んでみたかったからだ。

行ってみてわかったのだが、キャバクラの世界もホストの世界と同じように、いくら「見た目」がよくても愛想が悪い人はそれほど人気がないことがわかった。やはり、多少見た目が悪くても、明るく朗らかで、笑顔が印象的な女性のほうがキャバクラの世界でもナンバーワンになるのだ。

そんなことがわかったのも、実際にお金と時間を使って足を運ぶ「自己投資」をしたからこそだ。

このように、ホストの自己投資もピンからキリまで幅が広い。

ほかの人にとっては一見遊んでいるように見えることも、私にとっては勉強だったりリサーチだったりするのだ。

これらの自己投資で得られた知識や経験は、すべて自分の血となり肉となってくれた。

その効果は決して一過性ではなく、私の予想をはるかに越えて、半永久的に自分にリターンをもたらし続ける自分の財産だ。

今思い返せば、正しいお金の使い方だったと言えるだろう。

ただし勘違いしないでほしいのは、私は「自己投資」と称して、むやみにお金を使ってきたわけではないということだ。

たとえば私の住まいは、新人時代から10年間くらいは格安の社員寮だった。これは、新宿という街は家賃がほかの地域に比べて高いので、家賃に大きなお金を出費するよりも、その分のお金を自己投資に回したかったからだ。

あなたも、自分にはどんな自己投資がふさわしいのかを考えてみよう。

営業マンには営業マン、エンジニアにはエンジニアと、それぞれの職業やキャリアにふさわしい自己投資があるはずだ。

今すぐ、今日からはじめられる、自分ならではの自己投資をスタートさせよう。

まとめ

どんな自己投資が自分に必要なのか考えてみよう。自分にとって必要なお金の使い方が見えてくる。

まずは「見た目」に手をかけ、気を遣う。
それだけでまわりの反応は変わり、
自分の心も変わる

自己投資をする大切さは理解できただろう。

でも、何からはじめたらいいかわからない……。

そんなふうに迷う人もいるかもしれない。

そんな人には、まずは「見た目」への投資をはじめてほしい。


10数年前、『人は見た目が9割』というタイトルの本がベストセラーになった。この本が売れたのは、「人は外見じゃなくて中身が肝心」などと言いながらも、実際は「見た目」が第一印象に強力に作用するという事実を、経験上知っている人たちが手に取ったからだろう。


お金は人が運んできてくれるものだ。

それが仕事であろうが、人脈や情報だろうが、どれもが人の手を介して、あなたのもとへ運ばれてくる。

お金を運んできてくれる人を引き寄せるには、異性・同性を問わず、好感度の高い「見た目」が必要なのだ。

これは、私が見た目をとりわけ重視するホストという仕事に就いているから言っているわけではない。

人と直接会う営業のような仕事はもちろん、どんな職種においても、あなたをそのまま表現する「見た目」を、他人から見て気持のいいものにしておけば、何かと得をすることが多いのだ。

初対面の場合はとくに、まずは見た目がいいと、営業などの場面でもむげに扱われることも少ないし、たとえ口下手であっても、相手側からのフォローが入りやすい。

これは、プライベートでも同じだ。

見た目がきちんとしていると、一目置かれるだけでなく、存在をアピールすることもできるので、人の集まる場所においても話しかけられたり、誘われたりするなどのチャンスが広がる。

いわゆる「モテる人」とは、楽しい人、面白い人だと言われるが、それ以前に、まずは見た目が合格しているかどうかだ。

つまり、「人は見た目が９割」どころじゃなく、すべては見た目からはじまっているということだ。

これを逆に言うと、見た目をよくすれば、人物のグレードアップができるということも言える。

人は無意識のうちに、美しいものや好感が持てるもの、品のあるものに惹かれるものだ。これはれっきとした事実である。

若き日の私もそうだった。

かつての新人時代、体重は90キロオーバーの容姿であるうえに、オシャレでもなかった私は、まったくイケていなかった。口では「ホストは見た目じゃない！　心だ！」と息巻いていたものの、厳しい現実が立ちはだかるばかり。実績がともなわないのだから、説得力などあるはずもない。

だいたいどこのホストクラブでも、はじめてお店に来るお客様は、90分間で3000円くらいのパッケージ料金が相場になっている。そして、お客様は「男本（お店の全スタッフの写真が載っているアルバム）」の中から、好みのホストを選ぶことができる。

当然だが、この「写真指名」のシステムにおいては、いわゆるイケメンが圧倒的に有利になってくる。女性たちは、それぞれ好みはあるだろうが、見た目がいいイケメンを選ぶからだ。だからこそホストたちは、まずは見た目を磨くことにエネルギーを注ぐ。

どんなに中身がよくても、最初の見た目のステージで選ばれなければ、その後の営業さえもできないのだ。

この現実を目の当たりにした私は、その考え方を変えざるを得なくなった。

これは、もちろんホストだけに限らない。

たとえば、私の知人のある経営者は「ライザップ」に行き、50万円以上の費用をかけてトレーニングし、見事に身体と容貌を様変わりさせた。

すると、その直後から同性からも異性からも人気者になり、人間関係が広がって、結果的に仕事の業績も大いにアップしたそうだ。

勘違いはしないでほしいのだが、私は「見た目」を変えろとは言っているが、整形手術をして美男美女になるべきだとか、大金をかけて肉体改造するべきだと言っているわけではない。

今の「あなた」という素材を、できる範囲でよりよいものにするために、もっと気を遣い、手をかけろということだ。自分が投資できる範囲でOKだ。

たとえば、高級ブランドの高額な洋服を1着買ってヨレヨレになるまで着倒すよりも、トレンドの回転のはやいファストファッションブランド――「ZARA」や「H&M」、「ユニクロ」など――に毎月行って、手の届く価格の今っぽい洋服をそろえていく。そのほうがよほど自分磨きができる。

そんなとき店員さんに、「今、どんなスタイルがオシャレなの?」とか「めちゃくちゃ目立ちたいんだけど」などと相談して、全身をコーディネートしてもらうのも、ひとつの方法だ。

また、男性でもスキンケアに気を遣ったほうがいい。

ここでも高級エステや高級コスメを使えばいいというわけではない。汗のにおいを消すデオドラントケアなど、ほかの人が不快に感じやすいところから手入れをはじめ、外出時の日焼け止め、うぶ毛の手入れなど、身ぎれいにするグルーミング感覚で十分だ。

このように手軽にできる小さなことを積み重ねていくうちに、少しずつ自分の見た目は変わっていくはずだ。

はっきり言って、顔も体型も一日で変わるものではない。

でも、「自分磨きをしよう」、「よりよい自分になろう」という内側からの思いが強ければ強いほど、次第に外側も目に見えて変わっていくものなのだ。

実際に「見た目」が変わっていく自分を見ていると、もっと変わりたいと思いはじめるだろうし、変わること自体が楽しくなってくるだろう。

まとめ

ビジネスでは、「見た目」がいいことは大きな武器。自分のできる範囲でお金を投資し、「素材」を生かそう。

「お金の運用」を学ぶより先に必要なのは、「人間」について学ぶこと

「見た目（外見）磨き」に着手したら、次は内側も磨いていこう。

人の「見た目」の美しさとは、顔の美醜や姿形のことだけを指すわけではない。

真の美しさとは、その人の内側からにじみ出る賢さやスマートさ、また人となりや品格を備えた美しさのことであり、そんな人が醸し出す雰囲気は誰からも好感を持たれるだろう。

そんな「いいルックス」になるためには、やはりさまざまな経験を積むことと、学ぶことが必要だ。

しかし、人はみな、大人になるととたんに勉強をしなくなる。

なにしろ子どものころから義務づけられてきた勉強から、やっと解放されたのだから、大人になって再び勉強なんてしたくない人がほとんどだろう。

だが、大人になってからの勉強は、する人としない人とでは、大きな差が出る。

そういう意味では、大人になってからの勉強のほうが大事なのだ。


大人になってからの勉強って、何をすればいいのだろう？

もう一度学校へ行くこと？　それともセミナーやワークショップに参加すること？

いろいろな勉強法はあるだろうが、お金儲けが上手なユダヤ人は、頭脳への投資を惜しまないという。もっとも手軽で効率的、そしてリーズナブルな投資は「読書」なのだ。

実際に、私がナンバーワンホストになれたのも、読書のおかげといってもいい。

では、どんな本を読めばいいのか。

おすすめは、人間関係が学べる本だ。

お金の運用などを学ぶハウツー本もいいけれど、やはり実際にお金を運んできてくれる「人」について学んでおくと、単にお金を稼ぐ方法だけでなく、最終的に成功するためのノウハウを総合的に身につけることができる。

そのためにも、人と人とのつき合い方がわかるコミュニケーション術や、人間の感情や心理などを探る心理学系の本、そしてビジネス関係の実践的な本を読むといい。

これまで私は書籍に通算2００万円以上は投資し、１０００冊以上の本を読んできた。その中でも、お金持ちになりたい人なら必ず読んでおきたいのが、次の本だ。

まず、アメリカ人の大富豪からお金持ちになるための考え方や成功するヒントを学ぶ『ユダヤ人大富豪の教え　幸せなお金持ちになる17の秘訣』（本田健／大和書房）。

また、日本を代表するお金持ちである斎藤一人さんの本のシリーズだ。人としてどう生きるべきかという、一人さんならではの人間哲学を通じて、お金を引き寄せるための人間力を磨ける本がそろっている。

ちなみに、読書への投資は、金額にして月に5千円くらいをめどにするといい。

できれば週に1冊、月に4冊は読む習慣をつけよう。

1年間で50冊の本から得た知識・知恵という財産は、永遠に目減りしない。

読書を重ねながら、お金について学びつつ、少しずつ内側から「いい顔」になっていこう。

まとめ

内面を磨くのにもっとも効果的なのが読書。1週間に1冊、年間50冊を目標に本を読む習慣を身につけよう。

詐欺師ほど「いい人」に見えるもの。おいしい話など、世の中にはない

ここまでに、お金を稼ぐための方法をいろいろ紹介してきた。

そこでこの項では、「稼ぐこと」ばかりに目がくらんでいると陥りやすいわなについて、話しておこう。

端的に言えば「おいしい話にはだまされないようにしよう」ということだ。

とくに、ネット上にはそんな話があふれている。

ご存じのように、ネットの世界には有益な情報も多い半面、あわよくば人をだまそうとする詐欺的な情報も多い。

どこかで「自分だけは大丈夫」だと思ってはいても、ついついおいしい話にだまされて、気がつけば中身のない情報やサービスを購入してしまい、被害に遭う人があとを絶たない。

それを考えると、ひと昔前の詐欺はじつにわかりやすいものだった。

詐欺の内容も教材関係のカセットテープ、羽毛布団や消火器などといった「もの」を上手い話にのせられて買ってしまう、という話がお決まりだった。

ところが最近のネット上に跋扈《ばっこ》している詐欺師はじつに巧妙で、一見して真贋《しんがん》を見分けにくいのが難点だ。

なぜなら、昔と違って詐欺の内容も「もの」ではなく、お金になるという「情報」や「システム」を購入させることが主になってきているからだ。

彼らはＳＮＳなどを上手く駆使しながら、自身の提供するサービスがいかに優れているのかを、言葉巧みに装う。

たとえば「自分はこんなに儲かった」と通帳の中身を公開したり、「大金を儲けたので海外で悠々自適に暮らしている」などといった「リア充」写真をアップしたりして、最後に「あなたも同じようないい思いをしませんか？」と呼びかける……。これもよくある手口だ。

また、ときおりニュースにもなるが、最近の女性起業ブームにつけ込んで、ネットビジネスにまだあまり免疫のない主婦やＯＬたちをターゲットにしたものも増えてきつつある。

たとえば、ダイエットや美容など、女性が興味を持ちそうな分野で、「これからは女性も独立してバリバリ稼ごう」というような甘い言葉をささやきつつ、高額な講座や商材を売りつける手口だ。その手法は多種多様で、かなり手がこんでいる。

ここで断言しよう。

真面目にやっている人たちもいることはつけ加えておくが、おいしい話を持ってくる人の9割は、詐欺師である。

私自身もメディアなどで「売れっ子ホスト」と紹介されてから、おいしそうな投資話や儲け話を持ってくる人が増えた。彼らの中には夜の商売の人間をだますことを専門としている詐欺師もいるらしい。

とくに多いのは、投資案件だ。手が込んだものになると、2年くらいかけて親しい関係をつくり、ときには食事をおごったり、実際に儲けさせておいしい思いをさせたりもする。

そして、そのターゲットにすっかり信頼されたころを見計らって、最後に「大きく儲けよう！」と切り出し、数千万円のお金を奪い、逃げ去るのだそうだ。

そんなまるでドラマのような話があるのだ。

実際には、詐欺ではない話も100件のうち1件くらいはあるのかもしれない。また、危ない話の中にだって、部分的には上手くいっているケースがあるのも事実だ。

それでもやはり、私自身は詐欺師の餌食になった被害者をたくさん見てきたこともあり、おいしい話には最初から一切耳を傾けないことに決めている。

詐欺にだまされないコツは、本物と偽物を見分ける目を持ち、しっかりとその案件を調べることが大事だ。その際のチェックポイントは2つある。

①その人がその方法を使って利益を出しているか？
②まわりにその方法で実績を出している人がいるか？

これらは、ネットなどで調べればわりと簡単にわかるはずだ。

だまされた人の多くは、その手法や内容を自身のブログなどで紹介したり、該当する掲示板で語ったりしているので事前に検索してみよう。

また、これはネットだけに限ったことではないが、そのサービスなり商品を売る人が「いい人」に見えるときこそ、その人のことをきちんと調べるべきだ。

なにしろ手だれの詐欺師ほど「いい人」に見せようとするものだからだ。

おいしい話を持ち込まれたら、まずは冷静になって話の内容と相手の人となりを調べることだ。

もっと言えば、「おいしい話」なんて世の中にあるはずはないと考えて、はじめから耳を傾けないのが得策かもしれない。

だいたい、いい話が都合よくやって来ること自体が怪しいと思うべきだ。

まとめ

詐欺にだまされないためのチェックポイントは、「その人が儲けているか」「その方法で儲けた人がいるか」。

第3章

お金を呼び込む人間関係をつくる方法

ビジネスを大きく展開できるかどうかは、
すべて人間関係次第

何度も伝えているが、お金は人を介してやってくる。

そこでこの章では、もっとお金と仲よくなるために知っておきたい人間関係のコツについて語ってみたい。

お金を稼げる人、つまりお金の達人になりたいなら、まずは「人間関係」の達人になっておく必要があるのだ。

たとえば、こんなことで悩んでいる人はいないだろうか？

・事業を興したのはいいけれど、利益が出ない。

・人の何倍も働いているのに、効率が上がらない。

・やることが多すぎて、ついにダウンしてしまった。

こういう悩みを持つ人は、すべてのことを自分だけの力でやろうとしていることが多い。

なんでも自分でやらないと気がすまない人や、お金を節約したいためにアウトソーシングできることにも消極的になって、結局自分で自分の首を絞めてしまうというパターンだ。

ビジネスで成功している人は、人を適材適所に登用している。

まずは、会社という組織を想像してみてほしい。

外部の人との交渉を専門に行う営業、お金や会計の管理をする経理、新人をリクルートして配置する人事、組織全体をマネジメントする社長や幹部。

「餅《もち》は餅屋」ということわざがあるように、その道にはそれぞれの専門家がいる。

はっきりしているのは、自分ひとりの力だけではお金持ちになることはできないということだ。

自分に得意なこと、苦手なことがあるように、ほかの人にも得意不得意がある。

だから、お金を稼ごうとするならば、自分の得意なことだけをやり、苦手なことはそれが得意な人に任せればいいということだ。

アメリカの実業家で、鉄鋼王と呼ばれたアンドリュー・カーネギーの墓碑には、「己より賢き者を近づける術知りたる者、ここに眠る」という言葉が刻まれている。

自分が成功できたのは、自分より優秀な人々の力のおかげであるという意味だ。

ロックフェラーに次ぐアメリカ史上2番目の富豪とも言われるカーネギーは、人を上手く活用することで大きな成功を収めたのだ。

ここで問題になってくるのが、自分ひとりだけではお金を稼ぐことはできないのだから、自分のために働いてくれる人がいるかどうか、ということだ。

自分のために働いてくれるような、お互いに信頼し合えるような人間関係を築いておかなければならないのだ。

人の力を借りてお金を稼ぐという考え方は、ホストの世界でも同じだ。

ナンバーワンホストになると、お店にはつねに自分を指名するお客様が5組、10組と来店される。

けれども、当然ながらホストの身体はひとつ。

お客様の来店が重なってしまうと、どのお客様とも1時間のうち5分程度しか話せないという状況が生まれる。そこで残りの55分間は、ほかのホストたちの助けを受け、彼らに接客してもらわなければならない。

それが、「ヘルプ」としてのほかのホストの役割だ。

実際に、自分がお客様の席に着けない間、ヘルプのホストがどれだけ働いてくれるかで、売上は大きく変わってくる。

つまり、私の売上は私ひとりで達成するわけではなく、後輩をはじめとするほかのホストたちに助けてもらってこその実績なのだ。

だが、ヘルプをしてくれるホストだって、生身の人間だ。「誰の」ヘルプにつくかで、力の入れ方が多少変わるのも仕方がないというものだ。

「この先輩はイヤだな」と思われていると、やはり、ついつい手を抜いたヘルプになってしまう。

自分に人間的な魅力がなければ、よいヘルプをしてもらうことはできないというわけだ。

だから、先輩ホストになると、つね日ごろから後輩のホストたちの面倒を見たり、悩みごとを聞いたりして、信頼関係を築いておかなければならない。

人生の大先輩であり、私が師とも仰ぐ斎藤一人さんから、こんなアドバイスをいただいた。

「１軒の居酒屋を開いたとしよう。どんなにそのお店がはやっても、１店舗だけだったら、売上はせいぜい１億円がいいところだよ。でも、スタッフを雇って組織が上手く機能すれば、10億や１００億という、とんでもない規模にすることだって可能だ。そのためにも、自分のスタッフたちがきちんとついてきてくれるような人間関係を築いておくことが大事だよ」

日本を代表するお金持ちも、人間関係の大切さを第一にする人だったのだ。

たとえば、カフェを１店舗だけオープンしていたとしても、そのお店をほかのスタッフに任せれば、別の店舗をオープンできるだろうし、売上を倍にすることだって可能だ。

ひとりでできることには限界がある。

だから、ほかのスタッフに任せられる分野はすべて任せて、自分は空いた時間でもっとも得意とすることに集中するのだ。

このとき大切なのは、「どうすれば、この人は自分のために動いてくれるだろう？」ということをまず考えるということだ。

それは、支払うお給料なのか、拘束時間なのか、仕事の内容なのか、その人のキャリアアップに有効かどうかなど、その見返りはさまざまだろうが、相手の立場に立ったきめ細やかな対応が必要だ。

これこそが、効率のよいビジネスの進め方だ。

人に仕事を任せたいときに読みたい本としては、『人を動かす』(デール・カーネギー/創元社)がおすすめだ。

1937年の発売以来、全世界で1500万部も売り上げ、現在も売れ続ける世界的なベストセラーであるこの本は、人間関係を学べる良著として多くの人に知られている。私自身も人をまとめる立場となってから繰り返し読んでいる。ぜひ読んでみてほしい。

まとめ

適材適所で人を使いこなすのが、ビジネスを展開するキモ。そのためにも必要なのが、まず人間関係を学ぶこと。

信頼は「継続」により生まれる。
小さなことでも
手を抜かずに続けることが大事

人とのつき合いにおいて、もっとも大切なのは、そこに信頼関係があるかどうかということだ。

では、どうすれば人から信頼されるような人間になれるだろう？

最近のビジネスの現場では、見ず知らずの人と直接会わずに、ネット上だけでやり取りを行うことが可能になってきた。そういう意味においても、ひと昔前に比べてかつてないほど信用や信頼というものが重要になってきている。

今や、その人が信用できる人かどうかは、ネットを検索すれば一発でわかる時代になった。

過去に何かトラブルなどを起こして、そのことがネット上に書き込みされていれば、その情報は永遠に残ってしまう。

誰かと知り合う機会があると、検索エンジンやＳＮＳでその人のことを調べることは、もはや普通の光景だ。

その時点で怪しいと思われる情報が出てきたら、その人との関係はおしまいだ。

逆に、その人について信頼が置けるような情報が発見できれば、将来的にも関係は続いていくだろう。ネット上によい評判がある人は、ビジネスチャンスにつながる問い合わせだってあとを絶たないはずだ。

デジタルの時代は、こんなにも容赦ないのだ。


ホストという仕事も、お客様との信頼関係があってこそ成立する。

しかしながら、「ホスト」と言うと、世間的にはなぜだか信頼されないイメージがある。

それを払拭すべく、私はどんな小さいことでも一度約束をしたら必ず守るようにしてきた。


信頼とは、お互いの関係において積み重ねがあってできるものだが、失うときはそれこそ一瞬だからだ。


お客様との普段からの細かいメールのやり取りや、直接会って楽しい会話をすることなど、そんな積み重ねから、少しずつ信頼関係が築かれていくと思っている。

もちろん、これは人間関係だけではなく、どんなビジネスにおいても同じことが言えるだろう。

たとえば、インターネットでビジネスを行う場合は、どのようにすれば信頼を得られるだろう？

定期的なSNSの更新、メルマガの発行、問い合わせへの迅速な回答が重要だし、ネットショップで商品などを売るのなら、受付から発送までの連絡、クレーム対応まで、これらをきちんと抜かりなく遂行しなければならない。

とくに、顔の見えないネット上で信頼を勝ち得るには、提供するサービスが正しくコンスタントに続けられているという継続性が大事になってくる。

たとえそれが小さなことでも、ひとつのことがきちんと継続できているということが、相手に信用と安心感を与えるのだ。

たとえば、私も最初に本を出版したときには、「ホストが本を出した」とイロモノ扱いされた。

しかし2冊、3冊と本を出し続けていくにつれて、だんだんと周囲の評価も変わってきた。

この本で7冊目になるが、「ビジネス書作家の信長」というブランディングも確立してきて、出版社からの出版依頼もひっきりなしにくるようになった。雑誌やテレビといったマスコミからの取材依頼も、本を出しはじめたころに比べると断然多い。

これもやはり「コンスタントに続けている」ということが、出版社をはじめマスコミに信頼されて評価してもらえているからだ。

考えてみれば、ルイ・ヴィトンやエルメスなどの人気ブランドも、質の高いものを100年以上売り続けているという歴史の長さが人々に信頼感を与えている。

同じようなクオリティーで多少は安い製品を新興ブランドが出したとしても、人はやっぱり長い間信頼されてきたブランドの製品に魅力を感じる。

ブランドの魅力とは、その継続性がつくりあげているということだ。

だから、これからビジネスをはじめようという人なら、果たしてそのビジネスはずっと続けられるものであるか、というところをまずは考えてみるべきだ。

同時に、それが正しいビジネスであるかどうか、自分の好きなことで飽きがこないものであるか、システムや仕組みに無理のないものであるかなど、継続可能にする要因を調べておくことも大切だ。

いったんビジネスをはじめたら、とにかく継続させることが大切だ。周囲からの信頼感を勝ち得るために。

まとめ

ビジネスをする際は、正しく抜かりなくコンスタントに継続することが、信頼感を得るコツ。

お金は、必ず「感情」を乗せている。
感情が動くとき、お金も動く

お金が使われるシーンにおいて、必ず共通していることがある。

それは、お金が動くときには、人の感情も同時に動いているということ。

つまり、お金は人々の喜怒哀楽を乗せて動いているのだ。

逆に言えば、お金を動かしたいならば、人の心を動かさないといけない。


「人の心を動かす」とはどういうことだろうか？

ひとつの例として、深夜の通販番組があげられる。たとえば、ある美容健康器具がその番組内で紹介され、その器具を使うといかに簡単にやせられるかという説明が熱心にされているとしよう。

それを見た視聴者は、「これなら自分にも簡単にできそう！」と思い、そこで1回感情を揺さぶられる。

次にその商品の値段が発表される。通販番組の常套手段《じょうとう》で「今回限り！　驚きのプライス！　○○○円が△△円引き！」と煽《あお》り、そこからさらに安い金額が提示される。

すると、視聴者は「そんなに安いの？　これはお得！」と、また心を奪われてしまうのだ。

通販番組のお決まりのパターンは、この程度では終わらない。「今回だけ、おまけまでつけちゃいます！」「1時間以内にお電話いただいた方には、さらにこれもおまけ!!」と一気に畳みかけて売り込む。視聴者はそこで「今すぐ買わなくちゃ！」と急ぎ、慌てて電話をかけて注文するというわけだ。それが実際に必要な商品かどうかは置いておいて。

このケースでは、その商品を使えば簡単にやせられる！　という手軽さと、安さに対する驚きの感情が揺さぶられ、同時に、「今回だけのお得さを逃したくない」という焦りの気持ちが強く煽られてしまうことが、購入に結びついている。

このように、モノやサービスが売れるときには、つねになんらかの感情が動いているものだ。

それは、ホストクラブにおいても同じだ。

お客様である女性たちがお金を使うとき、とくにけたはずれの大きなお金が動くときは、彼女たちの感情が大きく動いたときにほかならない。

たとえば、それはあるホストを好きだという気持ち。

または、ある有名なホストを指名しているという優越感。

またあるときは、そのホストにブランド効果を感じているとき。

あるいは、そのホストに対して、「彼をなんとかしてあげたい！」「私がナンバーワンにしてあげる！」という親心のような思いなど……。

そんなふうに、さまざまな感情が渦巻く中で、お客様はお金を使ってくださっている。


もともとホストクラブとは、人が生きていくために必要なものかどうかと言えば、決して優先順位が高いものではない。でも、生活必需品ではないホストクラブに、なんらかの魅力を感じて通ってきてくださる方々がいるのも事実だ。

来てくださるだけでなく、そこでけたはずれのお金を使ってくださる方もいる。

その理由は、まさにこの「感情の動き」にあるのだ。

だから、もしあなたが今のビジネスが上手くいっていないことを悩んでいるなら、自分が提供しているものが人の感情を動かしているかどうかを振り返ってみてほしい。

自分のやっている日々の仕事は、誰かの感情を動かしているだろうか？

それが、たとえシンプルで単調な作業であったとしても、そこにスピード感や緻密《ちみつ》さ、正確さ、勤勉さなどがあれば、その仕事をオーダーした上司や、その作業が提供される側の感情は動くはずだ。

楽しさ、嬉しさ、驚き、共感など、どんな感情を自分のビジネスに取り入れたらいいのだろう？

そんなところから考えてみよう。

その結果、昇進やお給料アップという名目で、あなたのもとにお金がやってくるだろう。

お金が動くときにはいつでも、人の感情が動いていることを忘れてはいけない。

お金は人が運んでくるもの。だからこそ、人の気持ちを学んでおきたい。

まとめ

たとえルーティンの仕事であっても、自分の仕事で誰かの心を動かしているか、振り返ってみる。

「見返り」を気にせずに、まず与える。
その心がけが「大きな見返り」を生む

どうやったら、お金がもっと稼げるだろう？

そう考えるとき、普通ならば「どうやって自分のもとへお金を引き寄せるか」ということを考えるだろう。

そのために夜の仕事をしている多くの人が、お客様の職業だったり、身なりだったり、持ち物などを観察する。そして「このお客様はどれくらいのお金をここで使ってくれるだろう？」と「品定め」をする。

これは一見、品がないように見えるが、そのお客様に合ったふさわしい対応をするためにも、間違いではない正しいやり方だ。

ちなみに、このような品定めをするのは、夜の仕事のプロたちだけに限らない。ブティックの接客や高級レストラン、車のショールームなどにおけるやり取りでも普通に行われている。

ところが、私のやり方はちょっと違う。

長年のホスト経験から私がたどり着いたのは、相手を観察するところまでは同じなのだが、こちらからセールスをプッシュする方法ではない。

まず「この人に何を与えることができるだろう？」と考えることだ。その人が求めているものをまず与えるようにするのだ。

この人は、どんな話をしたら楽しんでもらえる人？
この人は、どんなことを言ってもらいたい人？
この人は、お店の外で会ったほうが喜ぶ人？
この人は、トークよりお酒が飲みたい人？
この人は、こちらが話すよりも自分が話したい人？

ホストがお客様に与えられるものは、楽しい会話や非日常の空間、癒やしなどといろいろあるが、まずはそのお客様のニーズを考えてみるのだ。

そのお客様が求めているものを最初に提供すると、あとになって「売上」というかたちで戻ってくる。

心理学用語に「返報性の法則」というのがあるのをご存じだろうか。

これは、人から何か施しを受けたら、お返しをしないと申し訳ないという気持ちになる心理のことだ。

つまり、「人に与えれば、戻ってくる」ということ。

お金を一過性や短期間ではなく、長期間にわたってコンスタントに稼ぎたいなら、この法則はとりわけ大切にしたい考え方でもある。

私自身にも、こんな出来事があった。

かつて毎日欠かさずメールをしていたお得意様のお客様がいた。そのお客様は事情があって地方へ引っ越されることになった。当然、今までのようにお店に来ることはできなくなってしまった。

ところがしばらく経ってから、そのお客様が上京されたとき、忙しい合間を縫ってお店に足を運んでくれたのだ。しかもシャンパンを何本も入れてくださった。

「東京に来たからちょっと寄ってみたわ。あのころいつもメールをもらっていたから来たの。あそこまでメールをもらわなかったら、絶対に来なかったけれどね（笑）」

そう言って一晩で50万円も使ってくださったのだ。

こういう話を聞くと、どうしても見返りを期待して行動するようになってしまうかもしれない。「与えれば、戻ってくる実験」をしたくなるかもしれない。

しかし、自分の行為に対して見返りを期待すべきではない。

「見返り」を狙って何か行動したとき、結果として期待した見返りが得られなければ、期待した分だけがっかりするものだし、さらには勝手に裏切られた気になってストレスを生むからだ。

また、見返りがあるのは、忘れたころである場合が多い。

このお客様のケースも、こちらとしてはすっかり忘れて、期待もしていなかったのに来店してくれたから、喜びも大きかったと言える。

私はいつも講演や本などで、「与えれば、戻ってくる」ということの大切さを伝えているが、あるとき、ひとりのキャバクラ嬢から、次のようなメッセージをいただいたことがある。

「先にこちらから与えることって、本当に大事なんですね。おっしゃる通りにこちらから先に贈り物をしたら、すごいことになって戻ってきました！」

話を聞いてみると、彼女は10人のお客様にクリスマスプレゼントとして３万円程度のネクタイを購入し、クリスマスの２週間前くらいに全員に贈ったそうだ。

すると、クリスマス当日に、そのうちの半分以上の方からお返しとしてプレゼントをもらったという。それも、それらのプレゼントの値段は自分が贈った額の倍以上の値段のものだったらしい。

なかでもいちばん高価なプレゼントは、なんと１００万円以上もする時計だったそうだ。恐るべしキャバクラ嬢（笑）。

「先に与えれば、戻ってくる」というのは、これほど強力なテクニックでもあるのだが、よい子は真似しないように（笑）。

「与えること」を意識するうえで、ひとつだけ気をつけておきたいことがある。

それは、世の中には一方的にもらおうとするだけの人や、もらって当然だと思っている人もいるということだ。

そういう「与えられることが当然」だと思っている人は、「もっともっと！」と、どんどん欲がエスカレートしてくるし、さらには「なんでくれないの？」と逆ギレする人までいる。もしそんな人に遭遇してしまったら、すみやかにその人との関係を断つことも大切だ。

気持よくお金を稼ぐためにも、「与えれば、戻ってくる」というルールがきちんと回る、よい人間関係の中で、お金とつき合っていくようにしたい。

まとめ

まず、自分が相手に何を提供できるかを考える。それを惜しみなく与えれば、やがて思いがけないリターンがある。

人間は褒められると嬉しい生き物。
褒めた瞬間から、
人間関係は一気に進展する

ここまで読んで、「お金を引き寄せるコツは人間関係にあり」ということは、すでにわかっていただけたはずだ。

ではよい人間関係を築くにはどうすればいいのだろう？

とくにそれがまだ知り合ったばかりでお互いを理解し合っておらず、なんとなく関係がぎこちない場合や、知り合ってから長い関係ではあるものの、必要最小限の会話しかできていないような微妙な距離感だと、むずかしいものだ。

そういうとき、私はできるだけその相手を褒めることをおすすめする。

「そのネクタイの色、いいね」

「きれいな字を書くんですね」

「今の短い髪が似合ってますね」

など何気ないひと言で褒めてみる。

もちろん、自分が本当に「素敵だな」と思ったことだけを褒めるべきだ。心から思っていないことは、必ず相手に伝わるからだ。

「わざとらしくない？」などと心配する必要はない。

なぜなら、人間は褒められると嬉しい生き物だからだ。

悲しいことに私たちは、日常生活の中であまり褒められる機会がない。しかし、人は誰しも「自分のことを認められたい」という意識が必ず備わっている。

だから、どんなに小さいことでも褒められると、自分の「価値」を認められたという嬉しさにつながるものなのだ。

何を隠そう、この私はホストになる前は残念ながら人生で褒められたことなどほとんどないような人間だった。

だから今でも褒められるととても嬉しいし、褒めてくれる人がいると、それだけで単純に「この人はいい人だな〜」と思ってしまう。読者からお褒めのメッセージをいただくと、しばらくの間は有頂天になり、仕事が手につかないこともあるほどだ（笑）。

私が単純だということは差し引いても、褒めるということは、それくらい人を喜ばせる行為でもあるのだ。


人は褒められると、それが行動にも反映してくる。

仕事が終わったあとのホストは、お店に来ていただいたお礼として、「アフター」といって店外でお客様と食事やカラオケに行くことがある。かつては私もアフターでお客様とバーによく行ったものだ。

歌舞伎町にはご存じのようにたくさんのバーがあり、お店を選ぶのにも迷うほどだが、だいたい料金はどこも同じくらいだ。

そんなあまたあるバーの中で、私はあるひとつのお店にずっと通い続けることになった。

それは、そこのバーのマスターが私のことを褒めてくれたからという理由だ。

それは「カッコいい」とか「話が面白い」とか、ありきたりの内容ではあったのだが、それでも私はそれだけでとても嬉しくなり、アフターの際にはいつもそのお店に通い続けていたのだ。

「褒める」ということは、人の行動を左右してしまうほどのパワーを持っているのだ。

ホストにとって女性を褒めることとは、基本的なスキルのひとつでもある。

ところが、プロのホストとして欠かせないそんなスキルでさえ、なかなか実践できないホストも多いのが現状だ。

基本的に日本人は、褒めることが苦手だからだ。褒めることに照れがあったり、こびを売っていると思われないかな？　なんておじけづいてしまったりするのだ。

でも、ためらっていては褒めるタイミングを失ってしまう。それはどんどん損をするスパイラルにはまるということを、自覚しなければならない。


ここであなたも、自分のことを振り返ってみよう。

あなたは最近、いつ人のことを褒めただろうか？

また、いつ人から褒められただろうか？

意外にも、そのどちらも思い出せない人が多いのではないだろうか。

困ったことに、人は相手の欠点を並べることはいくらでもできるのに、褒めようとすると、なかなかできないことが多い。

しかし、これを逆に考えれば、あまりにも人は日常の中で褒め合わないから、たまに褒めることで効果が出るということだ。


では、どうやって褒めるのか？

褒め慣れていない人は、まず人を観察するところからはじめてみよう。

たとえば、その人ががんばっていることや、その人の個性になっている部分、自分にはないけれど、その人だけが持っている長所など。

身近な人や大切な人たちの「褒めポイント」を見つけたら、恥ずかしくても、それをきちんと声に出して伝えてみよう。

すると、褒められて嬉しくなった相手から、きっと「褒め返し」が戻ってくる。

そんな「褒めサイクル」が回る人間関係になれたなら、いつかそれが自然にお金や豊かさも運んで来てくれるだろう。


褒めることに、お金はかからない。

必要なのは、照れないことと観察力。そして褒めてあげたいという気持ちだ。

人を自然に褒められる「褒め上手」になれたなら、人間関係の達人になれる。

まとめ

「褒めること」は人間関係の潤滑油。相手を観察し、照れずに声に出して素敵なところをどんどん伝えよう。

自分のワクワクと
相手のワクワクを一致させる。
それが「ワクワクの法則」

「自分がワクワクできることをやれば、お金も豊かさもついてくる」

私はこれを「ワクワクの法則」と言っているが、これはあらゆる引き寄せやビジネス本などで言われていることだから、たしかなのかもしれない。

けれども、私はこの「ワクワクの法則」にずっと違和感を覚えていた。

というのも、ビジネスの世界においては、自分だけがワクワクしても、まわりの人が一緒にワクワクしてくれるとは限らない。そんな甘いものではないと思うからだ。

ビジネスにおいては、やはり双方が利を得られる「ｗｉｎ《ウィン》－ｗｉｎ《ウィン》の関係」が成立しなければならないと思っている。

それは、ホストとお客様の関係にも言えることだ。

かつて、ある後輩ホストがこう言っていた。

「まずは、自分たちが楽しまないとダメなんですよ。自分たちが楽しむことで、それがお客さんに伝わるんです！」

たしかに、ホスト自身が接客時にワクワクすることはプロとして大切だし、そのノリや楽しさがお客様に波及するということも正しい。

けれども、その後輩のホストの場合、肝心のお客様のほうが無理をして気を遣い、そのホストに合わせてあげているというありさまだった。

要するに彼は、目の前にいるお客様のことがきちんと見えておらず、自分だけがワクワクして楽しんで、そのお客様が今どんな気分でいるか、ということについては気にも留めていなかったのだ。

しばらくして、そのお客様はお店に足を運ばなくなってしまったのだが、それはつまり、自分がワクワクすることを優先させたあまり、お客様が置いてきぼりになってしまっていたというわけだ。

今、ちまたに「ワクワク」という言葉が氾濫《はんらん》していることで、ワクワクの意味を取り違えている人がいるような気がする。

たとえば、自分が大好きなことやワクワクすることが、やがて自分の仕事になったり、プロとしてお金を稼ぐためのツールになったりするということはあるだろう。

しかし、もしそれが最初のステップだったとしても、いったんそれがビジネスになったら、その時点で「ビジネスには必ず相手が存在している」ということを考慮すべきだ。

つまり、自分だけでなく「相手もワクワクしているか？」を考えてみる必要があるということだ。

ワクワクは、自分を動かすエネルギーになる。

でも、はたしてそのワクワクは、ひとりよがりのワクワクになってしまっていないだろうか？

クライアントやお客様など、ビジネスの対象になる相手側も一緒にワクワクできるものだろうか？

もしそうでないなら、どうすれば自分も相手もワクワクできるだろう？

そして、それはどうすれば「ずっとワクワク」できる長期的なビジネスになり得るだろうか？

「自分がワクワクできることをやれば、お金も豊かさもついてくる」というのは、「自分も相手もワクワクできることをやれば、お金も豊かさもついてくる」が本当は

正しい。

もう一度、今の自分のワクワクが、ひとりよがりのワクワクになっていないか振り返ってみよう。

まとめ

ひとりよがりの「ワクワク」は禁物。自分と相手のワクワクが一致すれば、お金も豊かさもついてくる。

SNSを制する者が、ビジネスを制する！
SNSを「打ち出の小づち」にする4つのコツ

友だちから「いいね！」をもらうと、もっと「いいね！」をほしくなる。何気なくつぶやいたのに、たくさんの人にリツイートされて嬉しかった。

そんな経験はないだろうか。

フェイスブックやツイッター、インスタグラムなど、今やなんらかのＳＮＳアカウントを持っていない人のほうが珍しいと思えるほど、私たちの生活にＳＮＳは浸透している。電車の中やちょっとした待ち時間など、暇さえあればＳＮＳの画面をスクロールするのが習慣になっている人も多いはずだ。

そんなふうに、気分転換や趣味として何気なく使っているあなたのＳＮＳが、お金を運んできてくれる「打ち出の小づち」になってくれるとしたらどうだろう？　ＳＮＳとの向き合い方が変わるのではないだろうか？

ここでは、私流のＳＮＳの活用術について述べてみたい。

近年ＳＮＳは、大手企業から個人事業主まで、ビジネスをするうえで欠かせないツールになっている。

もちろん、ホストの世界だって、その例に漏れることはない。

かつてはどこのホストクラブも、ホストの専門誌などの広告費に何百万円ものお金をかけていた時代があった。たとえば1ページにつき30～40万円支払って広告を掲載し、お客様にお店を紹介してアピールしたり、ホストのリクルーティングをしたりしたものだ。

ところが、時代は完全に変わった。

今ではホストの専門誌を見て入店の面接に来る新人ホストはいない。

ホストの候補生たちは、インターネットでホストクラブのサイトやSNSなどを調べ、気になるお店の情報や評判を仕入れたうえで、入店したいお店の面接に足を運ぶようになってきたのだ。

お客様へのお店の紹介もホストのリクルーティングも、どちらも広告費は0円である。驚くほど広告やPR費用を使わずに低予算でビジネスができるようになったのだ。

これは、画期的なことではないだろうか。

自分の例をあげてみると、私の書籍の読者たちも、そのほとんどは私が運営するいくつかのSNSを通して購入してくれる方々である。その多くは、ホストクラブには一度も足を運んだこともない方がほとんど。つまり、ネットやSNSを通して私のことを知ってくれた人たちだ。

つい最近、自身のＳＮＳを通して「40冊限定でサイン入り著書を販売します」とメッセージを流したら、たった２日で２００人以上の申し込みがあった。

ＳＮＳの特徴として、メッセージを出してすぐに反応があることも、大きなメリットだ。

セミナーを行う人、物販をする人、ネットやＩＴの知識、クリエイティブ関係のスキルを売る人など、ビジネスをしている人でＳＮＳを有効に使っていない人は、確実に損をしていることになる。今やＳＮＳは、活用の仕方次第で大きな資産になり得るものなのだ。

今後、ＳＮＳを制する人が、ビジネスを制するとも言えるだろう。

そんなビジネスの強力なツールになるＳＮＳの使い方のコツを詳しく説明してみたい。

①自己開示をしてフォロワー・「友達」との信頼を構築する

ネット上には、残念ながら怪しいビジネスも多いし、そんなビジネスを企む人たちも大勢いる。無法地帯のようなネット上でビジネスを行う場合、ＳＮＳでは本人がダイレクトにフォロワーたちとやり取りをすることになるので、両者間の信頼性を高めておくことが大事になってくる。

そのためにも、しっかりとしたプロフィール、顔写真、これまでの経歴などをできるだけ開示して明らかにしておくことが大切だ。

とくに趣味でなくビジネスでSNSを使う場合、本名では不安な人は、ビジネスネームをつければいいが、ビジネスに特化するなら少なくとも自分の顔写真はできるだけ出したほうがいい。

顔写真を出すことで「こんな人とやり取りをしているんだ」と相手に安心感を与えられるし、それにより信頼度がアップすることになるからだ。

②相手が見えないからこそ礼儀を正す

なんでもアリなネットの世界だからこそ、ビジネスを行うなら相手とのやり取りにおいて礼儀をきちんと正しておくこと。

デジタルで相手が見えない世界だからこそ、そういうアナログなアプローチを心がけるだけでビジネスの将来は大きく変わってくる。

たとえば、SNSにおいて誰かをフォローしたり「友達申請」をする際も、無言でフォローをしたり、一方的に友達申請を送ったりする場合と、その相手にひと言メッセージを流してそれらを行う場合とではまったく印象が違う。

最初のひと言メッセージから対話がはじまることもあるので、必ずフォローの際にはひと言メッセージを送るようにしよう。

私自身の話をすれば、かつて2か月間で友達申請が800通以上来たことがあった。そのときは、無言の申請もかなり多かったのだが、それでは全然つながる意味がないと思ったのだ。

実際に会ったり、電話で話したりなどのアナログなシチュエーションならば、どんな人も初対面であいさつをするはずだ。それなのにSNSになると、なぜかこれができない人が多いのが現実だ。

ネットの世界だからこそ、きちんとした礼儀を忘れないでおこう。

③用途別に使い分ける

SNSでビジネスを行う場合は、用途別、ターゲット別で特性が違うので、できるだけいろいろな種類を使いこなすと効果的だ。

たとえば、商品の紹介などをビジュアル訴求するなら「インスタグラム」がふさわしいし、自分のコミュニティやサークルのターゲットに届けたいなら「フェイスブック」、ニュース性、即時性を重要視するなら「ライン」や「ツイッター」というふうに、複数のＳＮＳを用途で使い分けてみよう。

私の場合も複数のＳＮＳを活用しているが、同じ内容の記事をアップしても、それぞれの媒体で世代別に反応が違う。たとえばフェイスブックからは年齢が少し高めな人の反応が多く、インスタグラムだと若い世代からの反応が多い。

もし、あなたがＳＮＳをどれかひとつだけしかやっていない場合、それがビジネスターゲットとずれていれば、それだけでビジネスチャンスを逃しているかもしれないのだ。

④事前リサーチしてから記事をアップする

まず競合になるＳＮＳやサイトをリサーチしよう。**そして記事をアップする際、競合との差別化や個性を盛り込んでアピールしていくのだ。**

またビジネス専門のSNSであっても、たまにはプライベートの記事をアップするのがおすすめだ。専門の記事だけだとどうしても堅苦しさが出てくるが、そこにあなた自身のプライベートやライフスタイルが少し出ることで、そのビジネスにあなただけの個性が加わることになるものだ。

ただし、プライベートに関する記事は多くなりすぎないことがコツ。その割合は、専門記事7割に対してプライベートの記事3割、という感じだろうか。

これらを意識してSNSを利用してみると、いずれは周囲からプロとして認められることになり、フォロワー＝潜在顧客もだんだんと増えていく。

まとめ

SNSは、ビジネスにとって最大のツールだが、それも使い方次第。最大の効果を発揮させるためにもコツをつかんでおこう。

SNSを制するコツは、「質より量」。
「いい記事」より、
「定期的に投稿」することが肝心

ＳＮＳでは、ビジネス、プライベートなど用途にかかわらず、記事のアップは定期的に行おう。だがどんな内容をアップすればいいかわからないし、そんなに頻繁に書くこともないと言う人がいる。

そういう人には、「時間を十分にかけた１００点満点の記事を1か月に1回更新するよりも、多少雑で10点の記事であっても1か月に10回アップしろ」と申し上げたい。

もちろん、毎回１００点満点が取れるのならば、それに越したことはないが、それが望めないのならば、日々実践を重ねながら記事の質を高めていくしかない。

どんなに美人だって、月にたった１回しか会わなければ存在さえも忘れてしまうが、そこまで美人でない人でも月に10回も会えば、決してその存在を忘れることはないし、その人となりを理解したり、いい点をどんどん発見したりもできるものだ。

ＳＮＳもこれと同じで、更新頻度が高くて人の目に触れる回数が多いほど、フォロワーの人々に向けて、「私は、ここにいるよ」というアピールにもなって覚えてもらえる。そして自分のことを印象づけることが可能になるのだ。

たとえば私の場合、ＳＮＳを更新することで、お客様やお客様予備軍の人たちに向けてメッセージを送っているつもりだ。

お客様一人ひとりに対してメールや電話で細かいフォローができないときでも、ＳＮＳを更新して自分の活動やイベントの状況などを伝えることで、自分のことを思い出してもらえるからだ。

ＳＮＳは使ったもの勝ち。

はじめから最高の投稿をしようなどと思わないことが、長く続けられるポイントだ。

サイトを立ち上げなくても簡単にはじめられるＳＮＳを活用したビジネスは、今後、ますます拡大していくだろう。

普段は会えないような有名人やセレブたちとも直接やり取りができるなど、ひと昔前なら考えられなかったことだ。

私自身も、ＳＮＳを通してつながった有名人は多いし、そんなつながりからまた、新しい世界が広がっている。

ちなみに、私の個人的な話をすると、私のＳＮＳに必ずコメントやメッセージをくださる方がいる。そんな人たちのことはやはり忘れない。そのコメントがとくに面白いものでなくても、ダイレクトにコンタクトをとってくる方のことは必ず覚えているものだ。

もし、あなたにとって気になるＳＮＳのアカウントがあれば、ためらわずにメッセージを送ってみるのもいいだろう。

そしてぜひ、私のＳＮＳにもこの本の感想のメッセージをいただければと思う。

まとめ

ＳＮＳは「いい記事」をアップすることよりも「定期的に続ける」ことのほうが大事。

第４章

お金の達人は、人生の達人

お金を稼ぎたいと思うなら、「稼げる仕事」を選ぶことが重要

「もっとお金を稼ぎたいんですが、どうすればいいですか？」

よくそんな質問を受けることがある。

目標を明確にして努力をすればいい？

誰も開拓していないビジネスで新しい市場を狙えばいい？

いいスタッフを雇えばいい？

スキルや高い教育を身につければいい？

いろいろな方法があるだろう。

でも、その質問に対するもっとも手っ取り早くてダイレクトな回答は、「お金が稼げる仕事を選びなさい」ということだ。

この「お金を稼げる仕事に就く」ということは、とてもシンプルだが、実際にできていない人が多いのも事実だ。

お金が稼げるかどうかは、すでに職業を選択した時点で決まっていると言える。

今の仕事で十分に稼げていないと思っている人は、サラリーマンなら同業他社でステップアップできる転職先を探すだろう。

年収が大幅にアップするような転職先が見つかるのなら問題ないが、たいていの場合は、これまでのキャリアが考慮され、それに応じたレベルでの金額が提示されるはずだ。

具体的な例をあげると、営業職で年収500万円のサラリーマンなら、転職することで年収600万円の会社にステップアップできるかもしれない。

年収は100万円アップしたことになるが、しかしもし、もっと大きくお金を稼ぎたいなら、少し違った視点で仕事選びを考えたほうがいい。

人は往々にして、これまでの経験やキャリアをもとに勝負をしようとする。

これまでカフェやレストランで接客をしてきた人なら、接客業で勝負をしようと思うだろう。小さいころからピアノをやってきて音楽大学を出た人なら、ピアノの先生になるのがベストな選択だと考えるだろう。

こんなふうに、これまでの経験やスキルをベースに、職業を決めるべきだと思っていないだろうか?

もしそうなら、ここでそんな既成概念を一度すっかり取り払ってみよう。

私は今の仕事に就く前、塾の講師をしていた。そこからまったくなんの関係もないホスト業に転職してきた。

塾の講師からホストへ。まさしく１８０度の方向転換と言ってもいいだろう。

私がホストになった理由は、シンプルだ。

それは、「お金が稼げそうな仕事だったから」というひと言に尽きる。

そしてそのもくろみ通り、塾の講師とは比べることができないほどお金を稼ぐことができた。あのまま塾の講師を続けていたら、今ほどお金を稼ぐことはできなかっただろうし、その後、同業他社でステップアップをしたとしても、それほど大きくお金は稼げていないだろう。ましてや、講師の仕事をそのまま続けていたら、こんなふうに本を書いている自分になってはいない。

今のあなたが稼いでいるお金を時給に直してみてほしい。

たとえば、もし今、コンビニで働いているとして、懸命にがんばっても5年後の時給はせいぜい１００円か２００円程度上がるくらいだろう。

ほかの仕事を例にあげたとしても、数年後の時給は、どこまで上がる可能性があるだろうか。

もちろん、お給料は低くてもその仕事が大好きで、そこに意義や使命を感じているなら話は別だ。

けれども、「お金を儲ける」ということだけに目標を置くのなら、シンプルにお金が稼げる仕事を選択するのがもっとも近道だ。

起業セミナーなどでは、「自分の強みを見つけてそれを仕事にしよう」と言われる。これは決して間違ってはいない。

だが、それ以上に「その仕事は、稼げるかどうか?」という視点を持つことが重要なのだ。

現在、個人事業主としてお金を稼いでいる人たちの職業は、不動産投資やネット上での物販業が多い。また健康・美容業などもつねにニーズが高いので、お金が稼げる分野だと言えるだろう。

とにかくお金を稼ぎたい人、または先々やりたいことのために、お金を稼いで資金を貯めたいという人、新しいことにチャレンジしてみたい人などは、これまでのキャリアや経験からはいったん離れて、「稼げるかどうか」という観点で仕事を探してみるのもひとつの方法だ。
　これまで自分を育ててくれた業界は居心地がいいものだ。でも、そんなコンフォートゾーン（居心地のよい領域）から勇気を持って一歩抜け出すと、お金を稼ぐことだけでなく、新しい自分を発見できるかもしれない。

まとめ

「お金を稼ぐ」ことに目標を置くなら、視点を変えて自分の経験やキャリアから飛び出す勇気も必要。

お金持ちとは、
「大金を稼いでいる人」ではなく、
「お金を維持している人」

「ホストって、お金持ちなんでしょう?」

そう言われることは多い。

しかし、「お金をたくさん持っている」ことと「お金をたくさん稼いでいる」ことは微妙に違う。

一般的にホストという職種は、お金をたくさん稼ぐお金持ちのように見えるかもしれない。しかし、お金を稼げる人はいても、そのお金を維持できない人も一定数いる。

もちろんこれは、ホストという職業に限ったことではないが、ホストの世界ではしばしば見られる現象だ。

たとえば、現役時代は年間数千万円も稼いでいたのにもかかわらず、引退のときには貯金がゼロというホストは珍しくない。

これは、大金を手にすることで金銭感覚が狂い、食事やお酒を盛大におごることが習慣になってしまったり、高価な洋服や時計などに必要以上にお金をかけたりしてしまうことが原因だ。

また、ついつい生活レベルを上げてしまうことも、貯金を維持できない原因のひとつだろう。

たとえば売れっ子になるにしたがって、住む場所のレベルをどんどん上げていき、なかには40万や50万の家賃の部屋に住んでいるホストもいる。

ところが、引退後には6万円ほどの家賃の部屋に引っ越す場合も多いのだ。

家賃というのは、収入の増減にかかわらず支払わなければならない固定費だから、慎重に決めなくてはならない。「いい部屋に住みたいから、家賃が払えるようにがんばって働く！」と意気込む人もいるが、それにも限度がある。

また、ナンバーワンという称号を勝ち取るために、「お金のことはいいから、とにかくお店に来てよ！」と自腹を切ってお客様を店に呼ぶホストもいる。

たとえばホストを紹介する雑誌やネットなどで「売上げ１０００万円突破！」「○年連続ナンバーワン！」などと派手に紹介されているホストの中には、じつは自腹を切っている人も多いのだ。つまり、お客様からお金をいただいてホストをやっているのではなく、お金を払ってホストをやっているというわけだ。

これではなんのためにホストをやっているのかわからない状態だ。

このようなことはすべて、お金についての勉強不足が原因なのだ。

自分の収入と支出のバランスを考えないと、年収が何千万円あっても、すべてのお金を散財してしまいかねない。

逆に、年収がその数分の1のサラリーマンやOLだって、毎月のお給料から計画的に一定額を貯めて確実に貯金をし、お金持ちになっていく人もいる。


日本における伝説の億万長者と呼ばれた人に、本田静六という人物がいる。

彼は明治から昭和にかけて活躍した株式投資家であり、林学博士でもあるが、貧しい農家の生まれから上り詰め、東京大学の教授にまでなった人だ。

彼は当時、そこまで稼げる職業ではなかった大学教授という仕事に就きながら、貯蓄と投資で現在の価値にすると100億円の資産を築いたという恐るべき人だ。

そんな彼の貯蓄のポリシーは、月収の4分の1を強制的に貯蓄に回すという方法だった。

たとえば、月収が手取りで30万円なら、7万5千円を貯蓄に回す換算だ。

よく家賃の目安は給料の3分の1程度だと言われている。食費などの必要経費や自己投資額を考えると多少厳しいかもしれないが、人生の夢や目的次第では4分の1を貯蓄に回すというのも決して不可能ではない。

もちろん、人生の楽しみや自己投資に必要な出費をあきらめるほどの倹約モードになるのはおすすめしない。まずは、自分のできる範囲でお金を貯める（＝維持する）方法を考えてみるのも、お金とつき合う上で重要だろう。

私自身もこれまでたくさんのお金を使ってきたほうだが、じつは新人ホストのころから毎月5万円ずつ貯蓄してきた。１年間で60万円になり、10年経つと６００万円になる。私の場合は、そこに多少の運用益がつき、１０００万円にまでなった。

こんなふうに、お金はコツコツ貯めていれば、いずれは大きくなるものなのだ。

本田静六の著書に『私の財産告白』（実業之日本社文庫）という本がある。

これは半世紀以上も前に書かれた本ではあるが、日本を代表する歴代のお金持ちたちがバイブルとして読んできたといわれる名著だ。時代背景は違うものの参考になる教えも多いので、興味のある人はぜひ読んでみてほしい。

長い人生のうちには、自分が稼いだお金をすべて使ってしまうような日があってもいいと思う。

なぜなら、お金は使うことでしか学べないからだ。

そうして学んだあとは、そのお金を維持することを学んでいこう。

お金を維持する者こそ、お金持ちなのだから。

まとめ

「お金を稼ぐ」ことと「お金を持っている」ことは別。

月収から強制的に一定額を貯めることも必要。

お金を稼げない人が共通している3つの特徴

「これからどんどんお金を稼ごう！」

そんな決心をしているあなたに、ここでは、「お金を稼げないのはどんなタイプの人なのか」という逆のパターンを、これまでの私のホスト経験からいくつか紹介してみよう。

ホストクラブには「売り掛け」というシステムがある。

これは、わかりやすい言葉で言えば、「ツケ」「借金」のことだ。

来店されたお客様が、お会計のときに料金を支払わず、「月末までに支払うから、ツケておいてね！」と伝票にサインをするやつだ。

じつはこの売り掛けは、運が悪いとお客様にそのまま逃げられてしまうことがある。これを業界では、「売り掛けを飛ばれる」と呼ぶ。

この場合、ホストクラブ側は法的手段に訴えることになるのだが、その手間はとても面倒だ。

ちなみに、ナンバーワンホストになると、売り掛けを飛ばれることを一度は体験しているはずだ。ひどいケースになると、その額が百万～数百万円にまでふくれ上がることもあり、それがお店にバレると担当のホストは自腹を切って、お金をお店に返さないといけないシステムになっている。

これが多くなると、指名がどんどん入って一見稼いでいるように見えても、自分の手元にお金が残らないというわけだ。

つまり、売り掛けを飛ばれるホスト＝お金が稼げないホストのことなのだ。

私のこれまでの経験からすると、そんなホストには次の3つの共通したパターンがあることがわかった。

①ネガティブな言葉を使う人

「ネガティブな言葉を使わないようにしよう」というのは、よく言われているが、ホストの世界でも同じだ。何かとグチったり、人の文句を言ったり、また攻撃的な言葉を使うホストは、お客様が遠ざかっていく。

また、「どうせオレなんか～」などと自分を卑下した後ろ向きの発言をするホストにも、お客様は寄って来ない。

同じホストなら、ポジティブで自信に満ちあふれたホストに接客してもらいたいと

お客様が思うのは当然だからだ。

②だらしのない性格の人

だらしのない性格の人とは、（1）約束を守らない人、（2）規則やルールを守らない人、（3）自己管理ができない人のことを言う。

しかし、不思議なことに、この3つのうちのどれかに該当する人は、おそらく全部の項目に当てはまるはずだ。

約束を破る人や、規則やルールを守らない人が信用されるはずもなく、お金が稼げるわけがないのだ。

また、自分の管理ができない人に、顧客管理や仕事の管理ができるわけがないのである。

つまり自分のお金の収支を管理できない人は、お客様が自分に対していくら使ってくださったのか、どれだけ回収できたのかなど、把握できるわけもないのだ。

人間だから、ときにはダラダラするときがあるのは当然だろう。

しかし、いつも約束やルールを破ってばかりの人、自己管理ができずにだらしがな

い人には人が寄って来ないのだから、お金も寄って来ないということを覚えておいてほしい。

③身なりが整っていない人

いつも朝起きたままのボサボサの髪や、シワやシミだらけのシャツ、磨かれていない靴……。このような人は決まって部屋も仕事場も汚い。これは自分と身の回りを整えられない人の共通点だ。私はこれまでに身なりが整っていない人で、お金を稼ぎ続けている人を見たことがない。

生き方は、恐ろしいほどそのまま外見に出る。身なりがだらしない人は、お金にもだらしがないことが多い。

これは、長年私が見てきた事実でもある。

以上の3つが売り掛けを飛ばれるホストの特徴であり、稼げない人の特徴だ。

これは、ホストに限らず一般の人々にも同じように当てはまるはずだ。

お金が稼げないと悩んでいる人は、自分がこの３つのパターンにハマっていないかどうか、生き方を見直してみよう。

そして、もしひとつでも当てはまるのなら、今日からその部分を改善していくように努めよう。

まとめ

ネガティブな言葉を使う人、だらしない人、身なりが整っていない人は、今すぐ自分の生き方を見直そう。

お給料には「我慢料」も含まれている

書店のビジネス書コーナーに立ち寄ると、「ストレスゼロ、努力ナシで成功できる方法」というような内容の本がたくさん並んでいるが、そのようなラクな方法で実際に成功している人は、少なくとも私がこれまでに出会ってきた数々のお金持ちや、３万人以上のお客様の中にはいない。

人生とは、シビアなものだ。

自分がワクワクする仕事をしていても、ワクワクが永遠に続くわけではないのがリアルな人生というものだ。

そう言うと「自分も相手もワクワクできることをやれば、お金も豊かさもついてくる」と１３４ページに書いたことと矛盾するようだが、ワクワクには落とし穴もあるのだ。

それは「ワクワクすること」＝「忍耐や我慢は必要ない」と思ってしまうこと。

当然ながら、仕事をしていくうえでは、どこかで壁にぶつかることもあれば、ガクンと落ち込む時期だってある。

そんなときは、とてもワクワクしてなんていられない。

そうなると、「もうワクワクできなくなった。潮どきだから辞めよう」、または「ワクワクできないならこれは違う選択だったんだ」と安易に判断してあきらめてしまう人も出てくるかもしれないい。

けれども、そこであきらめてしまうのは間違いだ。そういう人は、たぶん次のワクワクを見つけても、ちょっと困難にぶち当たっただけで、またきっと同じ道をたどるに違いないのだ。

何かひとつ目標を見つけたら、それを達成するまでの過程において、我慢や忍耐は必要だということを、いつも頭の片隅に置いておこう。

ちなみに、ホストほど簡単にお金が稼げるようで、我慢や忍耐が必要な世界はない。私自身は、毎日接客をするのが楽しくて仕方ないと思っているほうだが、そんな私だって少しは我慢が必要なときもある。

お酒が入ることでトラブルが起きることもあるし、やんちゃな後輩ホストたちの世話や面倒を見たり、ホスト同士の厳しい競争の中でストレスがあったり、何かと我慢や忍耐を強いられる場面が多いのだ。そんな事態に遭遇して、「もうやってられない！」とつい投げやりになってしまうホストたちも多い。

そんなとき、私が彼らに言う言葉がある。

「仕事でもらうお金には、我慢料も含まれているんだよ」

とくに夜の仕事は、昼間の普通の仕事と比べてけた違いに大きく稼げることもある分、普通の仕事では直面しないようなイヤな体験をすることがあるのも事実だ。

でもそれを乗り越え、経験を積んで学ぶことで、さまざまな場面を切り抜けられる智恵を得たり、そして仕事がまた楽しくなったりするものだ。

そんなワクワクがやって来たころに、お金がついてくるのだ。

つまり、お金を稼ごうとするときには、がんばって耐える時期が必要であるということだ。

だからと言って、常軌を逸した耐えられないほどの状況が続いたり、我慢の限界を超える出来事が何度も振りかかってきたりするようならば話は違ってくる。そんなときは、自分の心身が壊れる前に、すみやかに方向転換をするべきだ。

我慢や努力が報われるかどうか。それを見極めるためのひとつの目安は「その仕事が自分の夢に続いているかどうか」ということだ。

そのためにも、まずは自分の夢と目標を設定しておこう。

そこがクリアになっていれば、たいていのつらいことは乗り越えられるはずだ。

たとえば、私の場合は、「ナンバーワンホストになりたい」という目標があった。

だからこそ、多少つらいこともがんばれた。

目標こそが、人を奮い立たせるものなのだ。

ワクワクが、ときにはワクワクではなくなるように、つらいことだって、ずっとは続かない。

だから「ここは我慢だ」という日があっても、夢を見据えて踏ん張っていこう。

まとめ

我慢や忍耐を乗り越えるには、夢と目標を設定することが大切。それがつらい日々をがんばれる支えになる。

夢を曖昧に描いてはいけない。どこまで詳細に描けるかが、成功のカギ

つらい日々を乗り越えるためにも、夢や目標は必要だと前項で書いた。

「では、あなたの夢はなんですか？」

そう質問されて、あなたは答えられるだろうか？

おそらく簡単に答えは出てこないかもしれない。

「うーんと……。あると言えばあるんだけれど……」

と自分の夢を語るのに、ちょっとたじろいだり、戸惑ったりすると思う。

人前で夢を語るのは恥ずかしい人もいるかもしれないが、実際のところ夢は持っていてもクリアではなく、なんとなくぼんやりしているのではないだろうか？

たとえば、「いつか自分のお店を持ちたい」という夢を持っている人の場合、次の質問にすぐ答えられるだろうか？

「それはどんなお店？」

「どのような街、場所に出すの？」

「どんな装飾がある店内で、どんな雰囲気？」

「男女、どちらのお客様が多い？」

「あなたはそこで、どのように働いている？」

「そして、その夢はいつ、実現させたいの？」

「明確さは力なり」という言葉もある。

もし夢を本当に叶えたいなら、それを明確に語れなければならない。

なぜかと言うと、夢とは具体的にすればするほど、実現しやすくなるからだ。具体化された夢は、「夢」から現実的な「計画」になっていくのだ。

夢が具体的になればなるほど、方向性が定まるだけでなく、援助してくれる人が現れたり、計画を遂行するためのヒントなどが湧きやすくなったりする。

それになんと言っても、実現に向けての準備が明確になるのだ

たとえば、山に登る計画を立てるときのことを考えてみよう。

それが高尾山なのか、富士山なのか、エベレストなのかで、準備や装備、費用、それに事前のトレーニングがまったく変わるのは明らかだ。

ちなみに、ホストとしての私の新人時代の夢は、もちろんナンバーワンになることだった。

１年以内にナンバーワンになって、時計や洋服などほしいものをたくさん買って、

でかい家に住み、おいしいものをたくさん食べて、毎日遊び回りたいと思っていた（実際はそんなに遊ぶ暇もなかったが）。

そして、月末に給料をもらうときには、たくさんの札束をもらう映像を何度も何度も繰り返し想像した。

こんな夢は、欲望丸出しだと思われるだろうか？

でも、夢というのはこれくらい具体的で、あからさまでもいいのだ。そうでなければ、本気で稼ごうというスイッチは入らないのだから。

なかには、「もっと、みんなのためになることをしたい！」という素晴らしい夢を持つ人もいるかもしれない。でもそれは、自分自身が満たされてからでも遅くない。**まず自分が幸せにならないと、まわりの人を幸せにはできないものだ。**

夢はこれくらい身勝手でもいいと思っている。

私はナンバーワンになると決心したとたんに、それまでフラフラしていた行動がピタリと定まった。

たとえば、友人との飲み会や遊び、テレビを見たり漫画を読んだりしてダラダラ過ごすような余計な時間は一切なくなった。

そういう時間はとても魅惑的ではあったけれども、夢を具体的にしたことで、その時間をホストとして儲けるために必要なことへ集中するようになったのだ。

本格的に身体を鍛えるために、ジムでパーソナルトレーナーをつけて徹底的に絞った。身体にいいと言われる食材にこだわり、毎日青汁を飲み、効果があると聞いたサプリメントをいろいろ試した。これは女性が健康や美容に興味があるからはじめたということもあるが、ホストは身体が資本でもあるからだ。

あのイチロー選手も小学生時代に、すでに自分の将来の夢をこんなに明確に描いている。

『夢』　――鈴木一朗

「僕の夢は一流のプロ野球選手になることです。

そのためには中学、高校と全国大会に出て

活躍しなければなりません。
活躍できるようになるためには練習が必要です。
僕は三歳の時から練習を始めています。
三歳から七歳までは
半年くらいやっていましたが、
三年生の時から今までは
三百六十五日中三百六十日は
激しい練習をやっています。
だから、一週間中で友達と遊べる時間は
五、六時間です。
そんなに練習をやっているのだから、
必ずプロ野球の選手になれると思います。
そして、その球団は中日ドラゴンズか、
西武ライオンズです。
ドラフト入団で契約金は一億円以上が目標です。

僕が自信のあるのは投手か打撃です。

去年の夏、僕たちは全国大会に行きました。
そして、ほとんどの投手を見てきましたが
自分が大会ナンバーワン選手と確信でき、
打撃では県大会四試合のうち
ホームラン三本を打ちました。
そして、全体を通した打率は五割八分三厘でした。

このように自分でも納得のいく成績でした。
そして、僕たちは一年間負け知らずで
野球ができました。
だから、この調子でこれからもがんばります。
そして、僕が一流の選手になって
試合に出られるようになったら、

お世話になった人に招待券を配って
応援してもらうのも夢の一つです。
とにかく一番大きな夢は
野球選手になることです」

こんなふうに夢を具体的に書けたのは天才型のイチローだから、ということもあるだろう。けれども、すでに小学校を卒業するころに、「いつまでにどうなっていたいか」という将来が詳細に明確化されているのは驚くべきことでもある。

彼は自分の夢をまるで未来予測のように細かく描けていたことで、その後、まさにその通りに夢を叶えて大活躍し、世界を股にかけて大きな成功を収めているのだ。

ここで今一度、自分の夢を改めて見直してみよう。

そして、その夢をただの夢で終わらせないために、細かいプランを立ててみよう。

イチローのように、文章化してみるのも効果的だ。文章ではなくても、リストアップするだけでも自分のやるべきことが見えてくるはずだ。

そして、リストをひとつずつ実行していこう。

すべてのリストにチェックマークがついたとき、あなたの夢はきっと叶っているはずだ。

繰り返すが、夢を叶えるために大事なことは、目標を明確にすること。そして、夢を叶える期限を決めることの2つだ。

そして、「あなたの夢は何？」と尋ねられたら、３秒以内に答えられるくらい、いつも頭の中に置いておこう。

まとめ

「夢は何？」の問いに、即答できるようにしよう。実現すべきことをリストアップし、ひとつずつ実行すれば夢は必ず叶う。

「第一声」で失敗してはいけない。
声は、「人となり」を表現しているのだ

「声」は、その人のエネルギーそのものだ。

たとえば、ランチをするためにどこかの定食屋にでも入ったとしよう。

「いらっしゃい！」

扉を開けたとたんに、そんな威勢のいい元気な声で迎えてもらえたら、「この店はアタリだ！」と思うだろう。

一方で、元気がなく、やる気のない声で迎えられたら、「しまった！　お店間違えちゃったかな」と、入った瞬間にそのお店を選んだことを後悔しないだろうか。

こんなふうに、かけ声ひとつで人は引き寄せられたり、去っていったりする。

人の声というものは、人との関係性を構築していくうえで、大事な要素なのだ。

あなたの出す声の大きさやトーンは、あなたが今、どんな気持ちでいるのか、また相手をどのように見ているかということを、そのままストレートに表す。

言ってみれば、言葉にして内容を詳しく語らなくても、「声そのもの」が、すべてを物語ってしまうことさえある。

ホストクラブにおいても、ホストたちが出す声は、自分たちが選ばれる条件のひとつである。

いきいきと勢いのある声が出せるかどうかで、お客様からの指名が大きく左右されるのだ。

私の店では初回のお客様にはひとり10分ずつホストがついて会話するシステムになっている。だから初対面の第一印象も大切だが、その第一声で、お客様の気持ちをつかめたりつかめなかったりするのだ。

声が小さかったりボソボソと話したりして「第一声」で失敗すると、そこからの10分間で挽回することはもうむずかしい。

どれだけイケメンでも、どれだけ誠心誠意に対応しようと思っても、第一声がきちんと出ていなければ、そのホストはお客様には選ばれないのだ。

声が決め手になったエピソードとして、こんなことがあった。

先日、ある仕事をお願いするために、面識のない方にはじめて電話をした。

ところがその人の第一声に勢いはなく、そのうえ態度もあまりいいと言えるものではなかった。なんだか上から目線で値踏みされているような感じだったのだ。

しばらくは我慢して私も会話を続けていたが、３分間くらいのやり取りのあと、切りのいいところで電話を切ることにした。

なぜなら、この人と今後取引をすることになっても、ずっとこの低いテンションのままだったらイヤだなと思ったからだ。いくら才能がある人であろうが、ていねいな仕事をしてくれる人であろうが関係ない。こんな覇気のない声で話す人の仕事は、きっと意欲のないものではないかと思ってしまうのだ。

冒頭で伝えた通り、その人のエネルギーは声に表れる。ということは、仕事にだって表れているはずなのだ。

テンションを落とすような人と、一緒にビジネスができるはずがない。

たとえ、たまたまその日、気分が上がらなかっただけかもしれない。だが、はじめての取引相手に気合いを入れるくらいの気遣いはほしいし、その程度の気遣いができない人に、よい仕事はできないと思うのだ。

結果的に、その人は第一声を失敗したために、直近の１件の仕事と、その先に続いたかもしれない数々の仕事を逃してしまったことになるのだ。

声の出し方ひとつで、ビジネスが決まったり決まらなかったりするのだから、自分の第一声にもっと注意を向けてみることが必要だ。

第一声で失敗しないためにも、アナウンサーや声を使う人たちがするように、発声練習をしたり、ときには録音して自分の声を聞いてみたりするのもいいだろう。

もちろん、アナウンサーや俳優のような美声である必要はない。

「自分の声に力を込め、心も込める」

そんな意識になるだけで十分だ。

とっておきの第一声は、お金をも引き寄せるのである。

まとめ

「第一声」はビジネスの成功を握っている。美声でなくても、力と心を込める意識づけをしよう。

ビジネスはひとつに絞らず、上手く分散させることが事業を維持するコツ

あなたが何かの事業を興している場合、その業務内容はいくつあるだろうか？

また、取引先はいくつあるだろうか？

もし、それぞれがたったひとつだけだとしたら、要注意かもしれない。


ビジネスをするときに、業務内容の種類から取引先、クライアントまで、それぞれ一点に集中すべきか、もしくはリスクヘッジを考慮して、いくつかに分散させるかというのは、よく議論になる問題だ。

これに関しては、起業してからのステージ（段階）にもよる。

起業してビジネスがしっかりとかたちになるまでは、エネルギーを1点に集中すべきだ。

また、かたちになったあと、成長が大きく望めるタイミングが来たときも、やはり1点集中がふさわしいだろう。

けれども、そのビジネスが軌道に乗り安定期を迎えたならば、リスクを考えて分散を意識したほうがいい。

取引先から業務内容まで、すべての要素において分散を意識していったほうが、万一のときのダメージも少なく、さらなる成長を望めることになるというのが私の考えだ。

すでに10年以上前の話になるが、あの牛丼チェーン店業界を脅かした「ＢＳＥ問題（牛海綿状脳症に感染した牛が発見されたことにより、日本で米国産牛肉の輸入が停止されたこと）」を覚えている人も多いのではないだろうか。

あの事件では、牛丼チェーン店で有名な吉野家が大きなダメージを受けた。

当時、吉野家は牛丼の味のクオリティーを保つために米国産牛肉にこだわっていた。そのために、米国産牛肉の輸入の禁止措置が解除され、全国すべての店舗で元通りの体制で牛丼の販売営業が可能になるまで、約４年もの時間を要したのだった（実際には４年の間に、米国ではなくオーストラリア産の牛肉に変えたり、また期間限定、時間限定、個数限定などで販売したりの経緯はあったが）。

この時期、吉野家は豚丼などをメニューに急きょ加えるなどしたが、もともと牛丼以外のカレーなどのメニューをそろえていた松屋やすき家などは、吉野家に比べて比較的ダメージが少なかったという。

「卵はひとつのカゴに盛るな」

これは、株式の世界で分散投資をすすめる際に使われる言葉だが、それと同様だ。

ホストの世界でも同じことが言える。

一度の来店で１００万円くらい使ってくださる太客《ふときゃく》と呼ばれるお客様が存在する。当然ながら、そのお客様から指名を受けているホストの給料は、ほかのホストよりも高額になる。

けれども、よくあることなのだが、そんな太客がついているホストは、ついついそのお客様だけに頼ってしまいがちだ。

これは非常に危険なことなのだ。

なぜなら、そのお客様が来なくなったら、そのホストの給料はゼロになってしまうのだから。

そういう意味では、一度に１００万円使ってくださる太客のお客様をひとりつかむよりは、一度に30万円くらい使ってくださるお客様が３人いるほうが、リスクを分散できることになる。

また、これもよくあることだが、ホストがひとりの太客のお客様に依存しすぎると、やがてそれが相手側に伝わり、そのお客様から足元を見られて翻弄《ほんろう》されてしまう。

このような状況になると、ホストのほうも太客のお客様を逃すまいと精神的に不安定になり、それがほかのお客様への接客や、自身の日常生活にも影響を及ぼす……という悪循環に陥るのだ。

最初から中堅どころのお客様を数人抱えていれば、ひとりの太客のお客様から足元を見られることもなく、ホスト自身も余裕のある態度でいられるうえに、ほかのお客様も気持ちよくお店に来られる……という好循環が生まれるのだ。

この差はとても大きい。

だから、私はつねづねお店のスタッフたちに「ひとりのお客様に頼らないように」ということを、口を酸っぱくして伝えるようにしてきた。

そして、自分の調子がいいときにこそ、次のお客様を開拓していくように指導もしている。

こういった分散型のビジネスを考えることは、事業主としての問題だけではなく、最近ではサラリーマンにも当てはまる。

時代が変わり、サラリーマンだから一生安泰という保証はない。

年功序列で、黙っていても給料が上がっていくという時代ではなくなった今、サラリーマンの副業を認める企業も増えており、ネット関連のビジネスや、自分のスキルを生かしたサイドビジネスをはじめるサラリーマンも少しずつだが増えてきた。

サラリーマンも、いくつかの収入源を持っておくことは、いざというときの大きな保険になるのは間違いない。

自分のコアに据えているメインの仕事や事業を持ちつつ、リスクを分散させるためにも、もうひとつのキャリアを考えてみるのもいいだろう。

そんなときこそ、これまでやりたかったことに挑戦するのもいいかもしれない。

まとめ

サラリーマンも副業を持つなどして、いくつかの収入源を持っておくことが将来的な保険となる。

ビジネスで成功するためには、短期的な利益や、目先のうまみに惑わされない

ビジネスは「分散型」が大事だというのは前述の通りだが、ここでは取引先とビジネスを行う「期間」について考えてみたい。

たとえば、今のあなたの取引先やお客様たちは、5年後もそのまま存在しているだろうか？

つまり、彼らは5年後も今と同じように、あなたのビジネスパートナーでいてくれるだろうか？

ビジネスをするうえで、こんなふうに中・長期のイメージを持っているかどうかは大事なことだ。

そうでなければ、一度限りの取引や、目先の利益ばかり優先させてしまうことがあるからだ。

ビジネスを長く続けていくためにも、短期間で大きな収益を上げる案件にばかり目を向けず、できるだけ長いおつき合いを心がけるのが得策だ。

「時間」を味方につけたおつき合いは、やがて大きな取引につながるからだ。

新規取引先や顧客を開拓することは、ビジネスにおいて大事ではあるが、そのための投資やエネルギーはそれなりに必要だ。なかでも優良な取引先や顧客をつかもうとすると、いい巡り合わせに出会える偶然性も必要になってくる。

それよりも、現在、おつき合いできている取引先や顧客を大切に育てていくという手もあるのだ。

これは、ホストの世界でも同じことが言える。

新しいお客様をつかむことは、ホストとして欠かせない仕事のひとつでもあるのだが、私は新人のころから、どちらかというとひとりのお客様と信頼関係を育てて長期的によい関係を築くことを目指してきた。

これは、目先のことだけを考えて、ひとりのお客様からたくさんの売上を取るようなことはしないということだ。

具体的に言えば、ひとりのお客様に短期間に高いお酒を無理やり何本も入れてもらうようなことはしない。そのような接客は、何よりもお客様が継続してお店に来ようとする意欲を失わせるし、いい気持ちにもさせない。

そういう営業を続けていると、お客様はいつのまにかお店に足を運んでくれなくなるものなのだ。

だから私は、お客様に無理にお金を使わせないような対応を心がけている。

そんなポリシーを守ってきたおかげで、今でも10年以上にわたってお店に足を運んでくださるお客様がいる。

なかには非常にまれなことだが、かつてのお客様だった女性の結婚式に呼ばれたことも何度かある。無理な営業をしていたら、きっとそんな関係にはなっていないだろう。


取引先やクライアント、顧客との関係を長続きさせるコツは、その金額に見合うもの以上の価値を、相手に提供できているかどうかだ。


本だって同じことだ。

ある作家の本を1500円出して1冊買っても、その本がつまらなければ次作に手を出しはしないだろう。その本に価値を見出した人が、次の本も買うのだ。

これは、すべてのビジネスに当てはまる。

ビジネスを成長、拡大させていくためには、ある程度の中・長期的な視野が必要となってくる。

成功したいなら、自分の利益や目先のうまみばかりを優先させないこと。

「急がばまわれ」の精神で、長いスパンを見据えて関係を築いておくことが肝心だ。

まとめ

中・長期プランを立てながら取引先や顧客との関係を誠実に育んでいくと、おのずとビジネスは拡大していく。

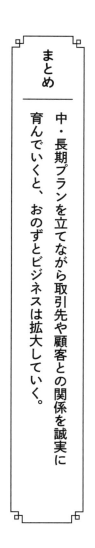

変化を恐れない。
日々の進化を受け入れる人だけが、
チャンスをものにできる

人間は、変化することを恐れる生き物でもある。

変わることに対する恐れは、人間の本能だ。

とくに今、安定して心地よい環境にいるのならなおさら、10人中9人は恐らく今の状況から変化することをイヤがるはずだ。

でも、その考え方を逆にとらえることもできる。

どういうことかと言うと、そこから一歩踏み出して変化することを選択すれば、10人のうちの1人になれるのだ。

1人の成功者になれる、ということだ。

だからこそ、変化を恐れない姿勢は大事だし、私も「変化していこう」と意識的に思うようにしている。

変化することの大切さを伝えるには、写真のフィルムの例をあげるとわかりやすいだろう。

かつてフィルム業界は、アメリカ発のコダック、そして日本の富士フイルムの二大メーカーが市場に君臨する時代が続いていた。

しかし、２０００年代になるとデジタルカメラの普及により、フィルムメーカーは苦境に立たされてしまう。

実際にフィルムの売上は、10年間で9割以上も落ちたという。

そんなときの各社の判断が、結果的にはその後の未来を大きく変えていくことになった。

コダックのほうは、そのままフィルムメーカーとしての生き残りを模索した。一方で、富士フイルムはこれまでの技術を利用して、医療品や液晶用のフィルム、化粧品などの新規事業に大きくシフトしたのだ。

その結果、コダックは２０１２年に倒産。富士フイルムは現在もさまざまな分野で存続している。

両者の違いはこれにほかならない。

「変化することを許したか、許さなかったか」

ホスト業界においても、同じようなことが言える。

古い考え方にこだわるホストの中に「ホストとは、店内での接客だけで勝負するもの。ＳＮＳなどで情報公開をするべきじゃない」と言っていた人がいた。

しかし、今どきのお客様は、気になるお店があれば必ずネットでチェックしてからお店に足を運ぶのが常識だ。とくに女性はその辺をしっかりとリサーチしてから来店する。だから、ＳＮＳなどをはじめとするインターネットで情報公開をしないのは、それだけでマイナスなのだ。

結果的に、古い考え方に固執したそのホストはまったく売れなくなり、引退せざるを得なくなった。

昨今の世の中の変化は激しく、今存在する仕事が5年後にあるかどうかはわからない。それは誰にとっても同じだ。

以前のように、新卒で会社に就職すれば定年するまで約40年は安泰という時代ではない。だからこそ、変化に前向きな姿勢を持つことは、これからの時代を生きていくためには必須条件になってくる。

厳しい時代を生き抜くサバイバルのポイントは、今やっていることに固執しすぎないようにすること。

そのためにも、いつでも変化の波に乗れるように、つねに勉強をし続けることが大事なのだ。

「日々変化」は誰にでも通じる言葉なのだ。

まとめ

「変化は進化」。変わることを恐れず、つねに柔軟な頭、姿勢を持つ人だけが、ビジネス社会の荒波を乗りこなせる。

自分にとって「豊かさ」とは何か？
その追求こそが人生だ

「どうやってお金を稼げばいいのだろう？」

ここまでにそんな疑問や悩みに答えるために、いろいろな方向からお金を稼ぐためのコツをお話しさせていただいた。

最後に「人生の豊かさ」について話をしてみたい。

お金を稼ぐことは尊いことでもあるが、人生はお金だけではないというのもたしかなことだ。

「豊かさ」とは、じつに多彩なものだ。

ある人にとってそれはお金なのかもしれないし、自由な時間かもしれない。または、仲間とのつながりかもしれない。

自分だけのそんな豊かさを見つけるためにも、一度しかない人生をお金を稼ぐことだけに執着して、それ以外のことに目を向けないのは、じつにもったいないことだと思う。

人生を送るうえでは、趣味を楽しんだり、恋愛をしたりすることも大事だし、娯楽を楽しむことだって欠かせない。

また、若いときだからこそできることをやっておくことも大切だ。

とかく日本人は、仕事をすることだけが素晴らしく、遊ぶことを悪のように思ってしまいがちだが、それは視野の狭い考え方であり、支配者層が植えつけた思想でしかない。

人生はもっと大きく、もっと自由に考えるべきだ。

お金というのは人生を豊かにするための道具にすぎず、あくまで手段なのだ。

人生はお金を稼ぐことが目的なのではない。

そのお金を何に使うのか？　ということだ。

かつて、そんなことを考えさせられるような出来事を、あるお客様から聞かされたことがある。

その方は、過労で倒れて勤めていた会社を辞め、現在は個人事業主として仕事をしている。

彼女はかつて働いていた業界から、今でもときおりヘッドハントの声がかかるほどのすご腕だ。その際、現在彼女が稼いでいる年収の何倍もの金額を提示されるそうだ。その金額に一瞬目がくらみそうになるらしいのだが、やはりそのオファーは断るのだと話してくれた。

「お金は少ないかもしれないけれど、今のほうがずっと幸せなのよね。あんな働き方をしていた日々に戻ったら、きっと私は早死にしてしまうわ」

そのお客様が当時いた会社は、各々のメンバーが外出する際、ホワイトボードに行き先を書くのが決まりになっていた。

あるとき、ふとそのボードを見ると、メンバーの上から下までほとんど「クリニック直行」となっていたことがあったのだとか。

「笑えないわよね～」とそのお客様は苦笑いしながら話していた。

たぶん、そのお客様にとっては、仕事とは給料の「額」ではなく、「質」なのであろう。

どちらにしても、そのお客様なりに、より豊かな人生を選んだ結果、自分にとってのベストなお金の稼ぎ方を見つけたということだ。

ここで今一度、自分にとってどういう生き方が豊かな人生と言えるのかを、振り返ってみよう。

そして、その人生を叶えるために、どんなお金の稼ぎ方をすればいいのかを考えてみるのだ。

ある人は、その豊かな人生を手に入れるために、ひたすらたくさんのお金が必要なのかもしれない。

また別の人は、豊かな人生を送るために必要なのは、ある程度のお金とたっぷりの自由時間なのかもしれない。

またある人は、そんな豊かさを手に入れたときに、新しいゴールとしての別の豊かさを見つけるのかもしれない。

いずれにしても、お金はその人にとっての豊かさを叶えるためのものであるべきだ。

英語で「Fortune《フォーチュン》」という言葉は「幸運」を意味するが、同時に「財産」や「富」という意味も含んでいる。

財産や富があることは、幸福とも一致するし、私たちはそんな生き方を見つけることができるということだ。

そのためにも、自分が望む「財産」や「富」を手に入れていこう。

お金を楽しく稼ぎながら、豊かな人生を追求していこう。

まとめ

豊かさの定義は人それぞれだが、お金は自分が望む豊かさを叶えるためのものであることを忘れてはいけない。

あとがき

「お金は、自分自身を映し出す鏡」

それは、人としての生き方が、そのままお金の在り方になっているということであり、そしてそれはまた、心の持ち方が、そのままその人のお金に表れているということでもある。

私は、この原則をつねに忘れないようにしている。

お金は人の人生を左右させてしまうこともある。

ときには、お金がないことで暮らしが困窮したり、お金のせいで友人を失ったり、人間関係をもつれさせてしまったりすることもある。

さらには、お金が原因で、その人ばかりでなく、周囲の人の人生を壊してしまうこともあるだろう。

けれども、その反対の人生を送ることも可能だ。お金を心から望み、お金についてしっかり学んでいれば、お金はあなたを豊かにしてくれる。

その結果、お金はあなたに喜びや生きがい、幸せをもたらしてくれる、かけがえのない人生のパートナーにもなり得るのだ。

せっかく同じ人生を生きるなら、お金と楽しくつき合いながら過ごしていくほうがいいに決まっているだろう。

本書の中でも何度か述べたが、「お金について真剣に考えることとは、人生を真剣に考えることと同じ」である。

日々の生き方――つまり人生――がそのままお金に表れるのなら、もっとお金から目をそらさずに真正面から向き合ってみよう。そうすれば、どんな人生だってきっとよくなるはずなのだ。

これは私の持論である。

毎日使うお金だからこそ、お金についてもっと真剣に学んでいこう。

この本を手に取ってくれた読者が、お金と幸せなパートナーシップを築き、もっと豊かな人生を歩んでいけることを祈っている。

２０１７年12月吉日

信長

信長（のぶなが）

1979年東京生まれ。新宿・歌舞伎町のホストクラブ「Club《クラブ》 Romance《ロマンス》」代表取締役。ビジネス書作家、講演講師、ラジオMCなど多彩に活躍。早稲田大学教育学部卒業。学生時代から家庭教師、塾講師の傍らホストの道に入る。当初は体重90キロ以上で女性とまともにコミュニケーションが取れず指名ゼロが続いたが、入店4か月目ではじめて指名を取ると、一気にナンバーワンに。その後歌舞伎町の高級有名店「Club Romance」に移籍。以後、通算28回ナンバーワンを獲得。著書に『歌舞伎町トップホストが教えるシャンパンタワー交渉術』（講談社）、『歌舞伎町No.1ホストが教える選ばれる技術』（朝日新聞出版）、『成功は「気にしない人」だけが手に入れる』（秀和システム）、『強運は「行動する人」だけが手に入れる』（学研プラス）など多数ある。

ブックデザイン　ツカダデザイン
カバー写真　福原毅
編集協力　西元啓子　楠本知子
編集担当　真野はるみ（廣済堂出版）

歌舞伎町No.1ホストが明かす
お金に好かれる人が大切にしていること

2018年1月29日　第1版第1刷

著　者　信長
発行者　後藤高志
発行所　株式会社 廣済堂出版
〒101-0052　東京都千代田区神田小川町2-3-13　M&Cビル7F
電話 03-6703-0964（編集）
03-6703-0962（販売）
FAX 03-6703-0963（販売）
振　替　00180-0-164137
URL http://www.kosaido-pub.co.jp
印刷・製本　株式会社 廣済堂
ISBN 978-4-331-52144-1 C0095